Sprache und Lesen

2

Arbeitsheft
Lesen

Erarbeitet von

Marion Gutzmann

Irene Hoppe

und

der Cornelsen Redaktion

Primarstufe

Cornelsen

Sprache und Lesen 2

Arbeitsheft

Lesen

Erarbeitet von
Marion Gutzmann, Irene Hoppe und der Cornelsen Redaktion Primarstufe

Begutachtung
Stephanie Aschenbrandt, Yurdakul Cakır, Maria Remler

Redaktion
Gabriela Korup

Bildredaktion
Janin Hacker

Illustration
Julia Dürr, Sebastian Koch (Leo und Lina)
(vgl. auch das Bildquellenverzeichnis)

Umschlaggestaltung
Katharina Wolff-Steininger und Rosendahl Berlin

Umschlagillustration
Alexandra Prosen

Layoutkonzeption
Rosendahl Berlin

Layout und technische Umsetzung
Kati Klaeske, Berlin

www.cornelsen.de

1. Auflage, 6. Druck 2022

Alle Drucke dieser Auflage sind inhaltlich unverändert
und können im Unterricht nebeneinander verwendet werden.

© 2012 Cornelsen Verlag, Berlin
© 2019 Cornelsen Verlag GmbH, Berlin

Druck: Athesiadruck GmbH

ISBN 978-3-06-081970-6

Inhaltsverzeichnis

1. Lies die Überschrift.

2. Schau dir die Bilder an.

3. Denke nach:
   Worum könnte es im Text gehen?

Umweg

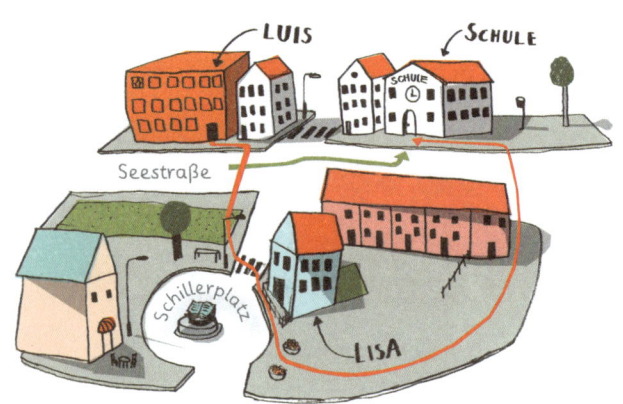

Luis wohnt in der Seestraße.
Lisa wohnt am Schillerplatz.
Luis hat einen kurzen Schulweg.
Doch seit ein paar Tagen
macht er einen Umweg
über den Schillerplatz.

Dort wartet Luis,
bis Lisa aus dem Haus kommt.
„Warum machst du denn
so einen langen Umweg?",
fragt Lisa.
„Darum", sagt Luis nur und wird rot.

Manfred Mai

① Ich denke, im Text geht es um

Bildungsstandard:
Texte erschließen/Verfahren zur ersten
Orientierung über einen Text nutzen

Schritte des Lesetrainings mit der gesamten Lerngruppe bzw. in kleineren Gruppen
einführen; Vermutungen einzelner Kinder
zum Textinhalt vortragen und sich darüber
austauschen

▶ zu BB Unsere Schule – meine Klasse

Umweg

1 Luis wohnt in der Seestraße.
2 Lisa wohnt am Schillerplatz.
3 Luis hat einen kurzen Schulweg.
4 Doch seit ein paar Tagen
5 macht er einen Umweg
6 über den Schillerplatz.

7 Dort wartet Luis,
8 bis Lisa aus dem Haus kommt.
9 „Warum machst du denn
10 so einen langen Umweg?",
11 fragt Lisa.
12 „Darum", sagt Luis nur und wird rot.

Manfred Mai

① Welcher Satz stimmt? Kreuze den richtigen Satz an.

☐ Ein Junge macht einen Umweg.

☐ Ein Mädchen macht einen Umweg.

☐ Beide Kinder machen einen Umweg.

② Welcher Satz passt zum zweiten Bild?
Unterstreiche diesen Satz.

Luis wartet auf Lisa.

Luis hat einen kurzen Schulweg.

③ Warum wird Luis rot?
Sprich mit einem Partnerkind darüber.

① In Momos Mäppchen fehlen drei Dinge. Welche?

| ● Fül | ● Blei | ● Sche | stift | re | ler |

In Momos Mäppchen fehlen _____

_____ , _____ .

② Wohin könnte die Klasse fahren? Ergänze.

in den Zoo   in den Zirkus

auf den Spielplatz   in den Park

③ Ergänze die Abzählreime.

| raus | Klavier |
| gehen | Reise |

Eins, zwei, drei, vier,

die Maus sitzt am _____ ,

am Klavier sitzt eine Maus

und du bist _____ .

Mein Finger geht im Kreise

auf eine kurze _____ ,

und bleibt mein Finger stehen

kannst du _____ .

④ Welcher Abzählreim gefällt dir besser?
Male einen bunten Rahmen um diesen Reim.
Lerne den Reim auswendig.

1. Übung zur Segmentierung von Wörtern in Wortteile;
2. und 3. Übungen zum Aufstellen von Hypothesen beim Lesen

4. Übung zur Einprägung eines Textes

▸ **zu** BB Unsere Schule – meine Klasse

① In jedem Satz passt ein Wort nicht. Streiche das Wort durch.

Im Klassenraum stehen
Tische, Schränke, Pferde und Regale.

In der Turnhalle gibt es
Bälle, Bänke, Käse und Matten.

Auf dem Pausenhof kann man
spielen, toben, schwimmen und essen.

② Lies die Wörtertreppe. Schreibe weiter.

Hof
Hofpausen
Hofpausenklingel

Fuß
Fußball
Fußball_____

Haus
Hausmeister
Hausmeisterzimmer

Zirkus
Zirkuskinder
Zirkuskinder_____

③ Lies den Witz gemeinsam mit Partnerkindern.
Ihr könnt den Witz auch spielen.

Matteo schreibt das Wort Krokodil klein.
Frau Koch sagt: „Denk noch einmal nach.
Alles, was man sehen und anfassen kann,
wird großgeschrieben."
Da antwortet Matteo: „Aber Frau Koch,
können Sie denn ein Krokodil anfassen?"

ACHTUNG

1 Lies die Überschrift. Schau dir das Bild an.

Denke nach: Worum könnte es im Text gehen?

Ich denke, im Text geht es um

Bonzos erster Schultag

HUNDESCHULE

1 Bonzo will nicht durch den Tunnel.

2 Auf gar keinen Fall!

3 Die Lehrerin spricht beruhigend auf ihn ein,

4 aber Bonzo will nicht.

5 Er will lieber auf den Arm und schmusen.

6 Bonzo ist eben noch ein Baby,

7 ein kleines braunes Hundebaby.

8 Er hat süße Knopfaugen

9 und große Schlappohren.

10 Bonzo ist erst drei Wochen alt

11 und gerade mal so groß

12 wie drei Orangen.

13 Trotzdem geht Bonzo heute schon

14 zum ersten Mal in die Schule,

15 in eine Hundeschule natürlich.

16 Denn die Erziehung eines Hundes

17 beginnt schon, wenn er noch ganz klein ist.

18 Dann lernt ein Hund am besten.

○ die Schlappohren   schmusen   ● der Tunnel

Vor dem Lesen des Textes: Verfahren zur ersten Orientierung nutzen und Vorwissen aktivieren

Vermutungen einzelner Kinder zum Textinhalt vortragen und gemeinsam darüber nachdenken; Begriffsklärung nutzen und evtl. weitere Begriffe klären

▸ **zu** BB Unsere Schule – meine Klasse

① Welcher Satz stimmt? Kreuze den richtigen Satz an.

☐ Ein Mädchen geht zum ersten Mal in die Schule.

☐ Ein Junge geht zum ersten Mal in die Schule.

☐ Ein Hund geht zum ersten Mal in die Schule.

② Welcher Satz passt zum Bild auf Seite 8?
ein Unterstreiche diesen Satz.

Bonzo rennt gerne durch den Tunnel.

Bonzo will nicht durch den Tunnel laufen.

③ Wie alt ist Bonzo? Lies die Zeilen 10–12.

Bonzo ist _____ alt.

④ Wie groß ist Bonzo? Lies die Zeilen 10–12.
Male dann das richtige Bild aus.

Bonzo ist so groß wie

⑤ Setze die Wörter aus dem Wörterkasten in die Lücken.

Bonzo will nicht durch den _____ laufen.

Bonzo hat _____.

Bonzo ist nämlich noch ein _____.

● Hundebaby
● Angst
● Tunnel

⑥ Warum sollen schon Hundebabys in die Schule gehen?
Erkläre es einem Partnerkind.

Lies den Text.
Finde diese Informationen heraus:

1. **Wer** spielt in
   der Geschichte mit?

2. **Wo** spielt
   die Geschichte?

3. **Wann** spielt
   die Geschichte?

Wer:
Suche nach Figuren
(zum Beispiel *Mädchen*,
Timo, *Zebra* …).

Wo:
Suche nach dem Ort
(zum Beispiel *im Schwimmbad*,
auf dem Schulweg …).

Wann:
Suche nach
einer Zeitangabe
(zum Beispiel *gestern*,
beim Abendessen …).

Eine Freundin und ein Freund

1 Der Franz Fröstl wird bald neun Jahre alt. Er wohnt mit seiner Mama,
2 seinem Papa und seinem großen Bruder in der Hasengasse.
3 Der beste Freund vom Franz
4 ist der Eberhard Most. Der sitzt
5 in der Schule in der 2 b neben ihm.
6 Die beste Freundin von Franz
7 ist die Gabi Gruber. Sie wohnt
8 in der Nachbarwohnung. Sie ist so alt wie der Franz,
9 aber in seine Klasse geht sie nicht. Sie ist in der 2 a.

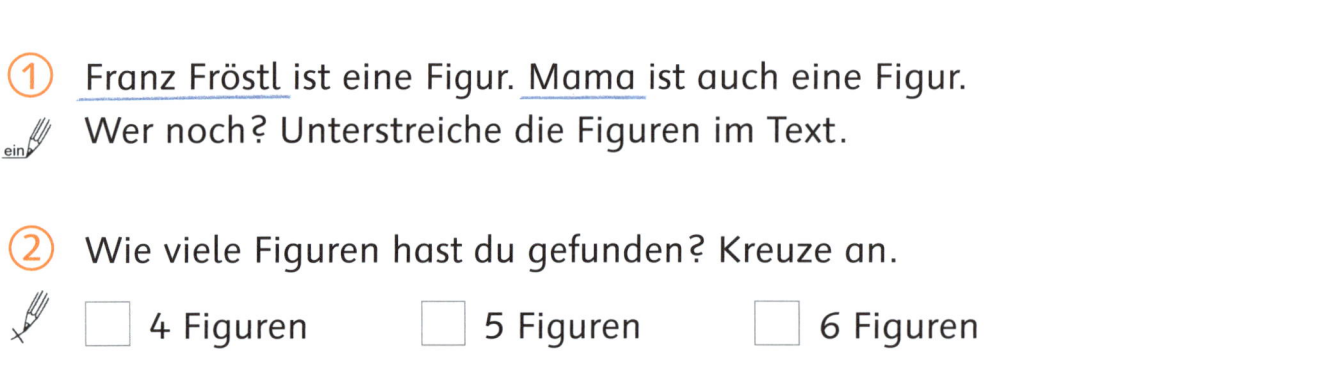

Christine Nöstlinger

① Franz Fröstl ist eine Figur. Mama ist auch eine Figur.
Wer noch? Unterstreiche die Figuren im Text.

② Wie viele Figuren hast du gefunden? Kreuze an.

☐ 4 Figuren ☐ 5 Figuren ☐ 6 Figuren

Bildungsstandard:
gezielt einzelne Informationen suchen

Schritte des Lesetrainings mit der gesamten Lerngruppe bzw. in kleineren Gruppen
einführen

▶ **zu** BB Ich und du

Sinan und Felix

1 An einem Tag im Sommer gingen Sinan und Felix
2 in den Park und setzten sich auf die Wiese.
3 Genau in dem Moment flog der Fußball
4 von Murat direkt auf Sinans Kopf.

5 „Aaaach!", rief Sinan auf Türkisch.
6 „Das hat wehgetan!"
7 „Özür dilerim!", sagte Murat. „Bilerek olmadı."
8 „Fark etmez!", sagte Sinan.

9 Felix verstand kein einziges Wort.
10 Das machte ihn wütend.
11 Sinan war doch sein bester Freund!
12 Worüber hatte er da mit Murat gesprochen?

13 Mutig ging Felix auf den viel größeren Murat zu.
14 „Kannst du nicht besser aufpassen?"
15 „Was willst du denn?", sagte Murat.
16 „Ich habe mich doch eben entschuldigt!"
17 Ach, das konnte Felix doch nicht wissen!

> **Özür dilerim!**
> (ö-sürr di-lä-rrimm)
> Es tut mir leid!
>
> **Bilerek olmadı**
> (bi-lä-rräck oll-ma-de)
> Das war keine Absicht.
>
> **Fark etmez!**
> (farrck ätt-mäs)
> Macht nichts!

Aygen-Sibel Çelik

① **Wer** spielt in der Geschichte mit?
Unterstreiche die Figuren im Text.

② **Wo** spielt die Geschichte? Kreuze das richtige Bild an.

☐    ☐    ☐

③ **Wann** spielt die Geschichte? Kreuze an.

☐ im Frühling   ☐ im Sommer   ☐ im Herbst

① Schreibe die Reimwörter in die Lücken.

| top | yavaş | Hadi, koş |

Wenn man Fußball spielen will,

rührt man sich und steht nicht still.

Man läuft los und ist kein Frosch,

auf Türkisch sagt man: „_____!"

Was rollt mal auf, mal ab,

ist rund und hält dich auf Trab?

Es hüpft, hopp, hopp und hopp!

Auf Türkisch nennt man es „_____."

Manche sind in großer Eile,

bei manchen dauert's eine Weile.

Das Gegenteil von rasch

heißt auf Türkisch „_____."

Hadi, koş!
(ha-di kosch)
Los, renn!

top
(topp)
Ball

yavaş
(ja-wasch)
langsam

② Unterstreiche in jeder Zeile, was neu dazukommt.

Das Mädchen
Das kleine Mädchen
Das kleine, freundliche Mädchen
Das kleine, freundliche und hilfsbereite Mädchen ist meine Freundin.

Der Junge
Der schlaue Junge
Der schlaue, starke Junge
Der schlaue, starke und hilfsbereite Junge ist mein Freund.

1. Übung zum Aufstellen von Hypothesen beim Lesen 2. Übung zur Segmentierung/zum Erweitern der Blickspanne   ▸ **zu** BB Ich und du

① Welche Satzteile passen zusammen? Ordne zu.

Manchmal streiten zwei	sich die Kinder wieder.
Kein Kind will	Kinder miteinander.
Aber nach dem Streit versöhnen	zuerst nachgeben.

② Welches Wort fehlt? Ergänze das richtige Wort.

Spiel   Streit

Gestern haben wir gestritten,

heute möchte ich dich bitten,

dass du nicht mehr böse bist

und den blöden _____ vergisst.

Lieber Fritz, sei wieder froh!
Spielen wir jetzt Domino?

Georg Bydlinski

③ Mit welchem Ball kann man nicht spielen?

● der Erdball

④ Lies den Witz gemeinsam mit Partnerkindern.
Ihr könnt den Witz auch spielen.

„Wer hat den Streit angefangen?",
fragt der Lehrer.
„Der Florian", antwortet Leo.
„Er hat als Erster zurückgeschlagen."

Lies die Überschrift. Schau dir die Bilder an.
Denke nach: Worum könnte es im Text gehen?

Wer ist der Größte?

1 Hoch im kalten Norden Kanadas leben die Inuit.

2 Einmal stritten zwei Freunde auf dem Heimweg von der Schule,

3 wer der Größere sei. Der eine hieß Enuki, der andere Jonah.

4 Jonah behauptete: „Ich bin mindestens einen Fingerbreit größer."

5 Aber Enuki sagte: „Ja, weil du dich auf die Zehenspitzen stellst."

6 Die beiden beschlossen, die alte Leah zu fragen.

7 Die alte Leah war gerade dabei, eine Dose Sardinen

8 zu öffnen, als die beiden Jungen zu ihr kamen.

9 „Jetzt muss ich wohl euren Streit schlichten", sagte Leah.

10 „Wer von euch meint also, dass er der Größere ist?"

11 „Jonah hat gesagt, dass er größer ist", antwortete Enuki.

12 „Ja, und Enuki behauptet, dass er es ist", sagte Jonah.

13 „Dann stellt euch mal Rücken an Rücken", sagte Leah.

14 „Ich dachte es schon. Ihr seid beide gleich groß."

15 „Es ist mir egal, wer der Größere ist", sagte Enuki.

16 „Mir auch", sagte Jonah. „Völlig egal.

17 Aber eins steht fest:

18 Der Stärkere von uns beiden bin ich!"

Paul Maar

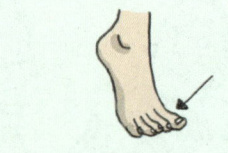  

O die Zehenspitzen	● der Fingerbreit	O die Inuit
Kanada: Land in Nordamerika	sie *stritten*: kommt von *streiten*	sie *beschlossen*: kommt von *beschließen*

Vor dem Lesen des Textes: Verfahren zur ersten Orientierung nutzen und Vorwissen aktivieren
Vermutungen einzelner Kinder zum Textinhalt vortragen und gemeinsam darüber nachdenken; Begriffserklärungen nutzen bzw. Begriffe klären
► zu BB Ich und du

① Wer spielt in der Geschichte mit?
Unterstreiche die Figuren im Text.

Wie viele Figuren hast du gefunden? _____

② Wo spielt die Geschichte? Kreuze an.
Der Ort liegt

☐ in Kanada.   ☐ in Sibirien.   ☐ in Grönland.

③ Wann spielt die Geschichte? Kreuze an.

☐ morgens auf dem Weg zur Schule

☐ nachmittags auf dem Heimweg

In welcher Zeile steht das? _____

④ Welcher Satz passt zum zweiten Bild?
Unterstreiche diesen Satz im Text.

⑤ Welcher Abschnitt gefällt dir am besten?
Rahme diesen Abschnitt ein.
Lies den Abschnitt einem Partnerkind vor.

⑥ Wie findest du das Ende der Geschichte?

Ich finde das Ende der Geschichte

, weil

▸ zu BB Ich und du

1.–4. Lösungen mithilfe von Textstellen belegen: Zeilennummer angeben oder ankreuzen; 5. Partnerlesen nutzen; 6. sich über unterschiedliche Gedanken zum Text austauschen

handelnde Figuren, Ort und Zeit der Handlung ermitteln; Text und Bild zuordnen; Lieblingsabschnitt auswählen und vorlesen; eigene Gedanken zum Text entwickeln

15

1. Überlege: Was ist das für ein Plan? Worüber informiert dieser Plan?

2. Finde dich zurecht:
   Zeige im Plan die Zeilen.
   Zeige im Plan die Spalten.

3. Erkläre: Was bedeuten die Bilder und Abkürzungen?

Spalte Mo bedeutet Montag.

Zeile

Zeit	Mo	Di	Mi	Do	Fr
9:00	D				

① Was ist das für ein Plan? Kreuze an.

☐ Stundenplan   ☐ Klassendienstplan   ☐ Speiseplan

Woche vom 24.10. bis 28.10.

Matteo	Emira	Umut	Mira
Momo	Paula	Dilara	Anna

② Was bedeuten die Bilder? Ordne zu und verbinde.

| Garderobendienst | Tafeldienst | Blumendienst | Austeildienst |

③ Welchen Dienst haben Momo und Matteo? Ergänze.

Momo und Matteo haben _____ .

Bildungsstandard:
Sach- und Gebrauchstexte kennen und verstehen

Schritte des Lesetrainings mit der gesamten Lerngruppe bzw. in kleineren Gruppen einführen; Bezug zum eigenen Klassendienstplan herstellen und vergleichen

▸ zu BB Ich kenne mich aus

_____ der Klasse 2a

	Mo	Di	Mi	Do	Fr
1. Stunde	D	Ma	Sp	Mu	Ku
2. Stunde	Ma	D	Ma	D	Ma
3. Stunde	Su	En	D	D	Sp
4. Stunde	Sp	Ku	Mu	Su	D

Mu: Musik   Ma: Mathematik   Sp: Sport   En: Englisch
D: Deutsch   Su: Sachunterricht   Ku: Kunst

① Was ist das für ein Plan? Ergänze die Überschrift auf dem Plan.
Wähle aus: *Speiseplan*, *Spielplan*, *Stundenplan*, *Sportplan*.

② Rahme die erste Zeile in der Tabelle ein.
Was findest du hier? Kreuze an.

   ☐ o die Fächer   ☐ o die Wochentage   ☐ o die Stundenzeiten

③ Was bedeutet die Abkürzung Sp? _____

④ An welchen Tagen hat die Klasse Kunst? Ergänze.

Am _____ und am _____

⑤ Welches Fach hat die Klasse
am Mittwoch in der vierten Stunde? _____

⑥ Finde selbst eine Frage zum Plan.
Stelle die Frage einem Partnerkind.

① Ergänze die unvollständigen Wörter.

Wochenplan für Ritter

Montag	Bogenschießen
Dienstag	Kämpfen
Mittwoch	Klettern
Donnerstag	Reiten
Freitag	Werfen

② Welcher Plan gehört zu wem? Verbinde.

Fahrplan für Zauberer

Speiseplan für Gespenster

Stundenplan für Hexen

	Montag
1. Stunde	Besenflugtraining
2. Stunde	Hexeneinmaleins
3. Stunde	Krötenkochkurs

	Montag
Vorspeise	Gespenstersuppe
Hauptspeise	Geisterkartoffelbrei
Nachtisch	Gruselpudding

Haltestelle	Montag
Zauberwaldstraße	08.00 Uhr
Am Zauberplatz	08.15 Uhr
Zauberschulenweg	08.30 Uhr

18

1.Übung zum Aufstellen von Hypothesen beim Lesen   2. Übung zum Aufstellen und Überprüfen von Hypothesen beim Lesen   ▸ zu BB Ich kenne mich aus

① Welche drei Wörter passen nicht?
 Markiere die drei Wörter.

Speiseplan   Speiseplan   Speiseplan   Speiseplan   Speiseplan
Speiseplan   Speiseplan   Speiseplan   Reiseplan   Speiseplan
Speiseplan   Speiseplan   Speiseplan   Speiseplan   Speiseplan
Speiseplan   Stundenplan   Speiseplan   Speiseplan   Speiseplan
Speiseplan   Speiseplan   Speiseplan   Speiseplan   Fahrplan
Speiseplan   Speiseplan   Speiseplan   Speiseplan   Speiseplan

② Lies jeden Satz ohne Pausen.
 Welchen Satz konntest du am besten lesen? Kreuze an.

Fari kreuzt im Stundenplan sein Lieblingsfach Sport an.	Mona kreuzt im Speiseplan ihre Lieblingsspeise Milchreis an.	Sinan kreuzt im Wochenplan seine Lieblingsaufgabe an.

③ Welche Buchstaben wurden im unteren Wort verändert?
 Markiere sie.

SPORTPLAN   SCHULFACH   FREITAG   SPEISEPLAN
HORTPLAN   SCHULDACH   SCHREITAG   REISEPLAN

④ Lies den Witz gemeinsam mit einem Partnerkind.
Ihr könnt den Witz auch spielen.

Robin kommt zu spät in die Schule.
„Ich bitte um Entschuldigung.
Ich bin von Räubern überfallen worden!"
„Was hat man dir denn geraubt?",
fragt die Lehrerin.
„Zum Glück nur die Hausaufgaben!"

Lies die Überschrift. Schau dir das Bild an.
Denke nach: Worum könnte es im Text gehen?

Appetit auf Schulessen

1 Rocco war der Einzige in der Klasse,
2 der das Schulessen wirklich mochte.
3 Klumpiger Kartoffelbrei mit Soße.
4 Spaghetti-Würmer mit fettigen Fleischklopsen.
5 Schokoladenpudding mit Haut. Rocco liebte es.
6 „Bäh! Wie soll ich das runterkriegen?",
7 sagte Damian am Freitag beim Mittagessen.
8 Rocco schlabberte seinen Milchreis in sich hinein
9 und gab einen zufriedenen Rülpser von sich.
10 „Isst du nicht auf?"
11 „Nein", sagte Damian. „Das sieht aus
12 wie Froscheier."
13 „Gib her!", sagte Rocco.

Alan MacDonald

runterkriegen:
hinunterschlucken

schlabbern:
mit lauten Geräuschen
essen oder trinken

● der Fleischklops

① Wer mag als Einziger das Schulessen? _____

② Unterstreiche im Text alle Speisen.
In wie vielen Zeilen hast du etwas unterstrichen? Kreuze an.

☐ 3   ☐ 2   ☐ 4   ☐ 5

③ Was gibt es am Freitag zu essen? _____

④ Damian isst sein Mittagessen nicht auf. Warum nicht? Erkläre es.

_____

_____

_____

Vor dem Lesen des Textes: Verfahren zur
ersten Orientierung nutzen und Vorwissen
aktivieren

Vermutungen einzelner Kinder zum Textinhalt vortragen und gemeinsam darüber
nachdenken; Begriffserklärungen nutzen
bzw. Begriffe klären; 1.–4. Lösungen mit
Hilfe von Textstellen belegen

▸ zu BB Ich kenne mich aus

	vom 24.10.–28.10. 🍎 mit Nachtisch	
	Essen 1	**Essen 2**
Montag	Frühlingsrolle mit Currysoße, Reis oder Kartoffeln	Käsespätzle 🍎
Dienstag	Fischstäbchen mit Kartoffelbrei	Gemüseauflauf
Mittwoch	Möhreneintopf 🍎	Kartoffelsuppe 🍎
Donnerstag	Putenschnitzel mit Reis	Pizza mit Salat
Freitag	Spaghetti mit Tomatensoße 🍎	Milchreis mit Zucker und Zimt oder Apfelmus

① Was ist das für ein Plan? Ergänze die Überschrift.

✏️ Wähle aus: *Speiseplan*, *Spielplan*, *Stundenplan*, *Sportplan*.

② Rahme die erste Spalte in der Tabelle ein.

✏️ Was findest du hier? Kreuze an.

☐ ○ die Speisen   ☐ ○ die Rezepte   ☐ ○ die Wochentage

③ An welchem Wochentag gibt es zu Essen 1 und Essen 2 einen Nachtisch?

✏️ Am _____ gibt es zu beiden Essen einen Nachtisch.

④ Schreibe für einen Wochentag einen Speiseplan mit zwei Essen.

✏️ Ergänze die Tabelle.

Tag	**Essen 1**	**Essen 2**

Lies den Text.

1. Wie findest du den Text?
   Sprich mit einem Partnerkind.

2. Was stellst du dir vor,
   wenn du den Text liest?
   Du kannst ein Bild malen
   oder etwas schreiben.

3. Welche Textstellen findest du besonders wichtig?
   Markiere die Textstellen. Vergleiche mit einem Partnerkind.

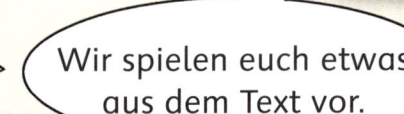

Ein Text kann witzig, spannend, langweilig, interessant, traurig sein.

Wir spielen euch etwas aus dem Text vor.

Großvater

1 Großvater wohnt seit drei Monaten bei uns,
2 weil er schlecht laufen kann.
3 Großvater hat das Zimmer zum Hof.
4 Das Zimmer ist ruhig und im Hof steht ein Baum.
5 Großvater muss nur das Fenster aufmachen,
6 wenn er ins Grüne sehen will.
7 Großvater sitzt oft am Fenster,
8 bei schönem Wetter fast immer.
9 Nur wenn ich komme, dreht er sich um.
10 „Na, Kapitän, alles klar?", fragt er und ich nicke.
11 Mir gefällt es, wenn Großvater mich Kapitän nennt.
12 Großvater ist als Koch zur See gefahren.
13 Das aber muss lange her sein.

Mustafa Haikal

● der Kapitän

zur See fahren:
mit einem Schiff
auf dem Meer
fahren

① Wie findest du den Text?

Ich finde den Text _____ , weil

Bildungsstandard:
Vorstellungen und Gedanken zu Texten
entwickeln, zu Texten Stellung nehmen
und mit anderen über Texte sprechen

Schritte des Lesetrainings mit der gesamten Lerngruppe bzw. in kleineren Gruppen
einführen; unterschiedliche Meinungen
zum Text austauschen

▸ zu BB Bei mir zu Hause

Anne

1 Alis Mutter wartet mit dem Auto.

2 „Anne", ruft Ali und winkt.

3 Tim darf auch mitfahren.

4 „Mamas Freundin heißt auch Anne",

5 sagt Tim.

6 Ali lacht. „Anne ist Türkisch", erklärt er.

7 „Es heißt Mama."

8 Als Tim nach Hause kommt,

9 sagt er zu seiner Mama:

10 „Hallo, Anne."

11 „Ich verstehe nicht",

12 sagt Mama verwirrt.

13 „Macht nichts, Türkisch kann eben

14 nicht jeder", meint Tim.

Frauke Nahrgang

① Wie findest du den Text?

Schreibe deine Gedanken auf.

Wie findet dein Partnerkind den Text? Vergleicht.

Ich finde den Text _____ , weil

_____

② Welche Stelle findest du wichtig?

Unterstreiche diese Stelle im Text.

Vergleiche mit einem Partnerkind.

③ Suche drei Partnerkinder.

Spielt den Text gemeinsam vor.

Begriffe klären (evtl. *verwirrt*)
2. Partnerlesen nutzen;
3. Zeit und Raum für Spielpräsentation geben

Meinung zum Text formulieren; Lieblings-textstelle auswählen und vergleichen; individuelle Vorstellungen zum Text in szenisches Spiel umsetzen

① Setze die Namen der Familienmitglieder richtig zusammen.

| ● Bru | ● Va | ● Mut | ●Schwes | ● On | ●Tan |

| kel | te | ter | ter | ter | der |

_____ , _____

_____ , _____

_____ , _____

② Welche Familienmitglieder sind in den Wörtern versteckt?
Markiere sie.

ein

● PAPAGEI

● MANGOMARMELADE

● KLOPAPIER

● SCHNÜRSENKEL

● KRANKENSCHWESTER

③ Wer ist Lisas Mama?
Lies genau. Male dann einen Kreis um Lisas Mama.

Lisas Mama hat dunkle Haare.
Sie hat eine Hose an.
Ihr Pullover ist gestreift.
Sie trägt Turnschuhe.
Ihr Gürtel ist rot.
Lisas Mama hat eine Brille.

① Schreibe die fehlenden Reimwörter in die Lücken.

| sehr | dich | nicht | Sorte |

Ob Erdbeer- oder Himbeertorte,

ich liebe Kuchen, jede _____.

Ich mag auch gerne Bienenstich.

Am liebsten aber mag ich _____.

Ein langes Gedicht,

das merk ich mir _____.

Drum sag ich nicht mehr

als: Ich liebe dich _____.

Frantz Wittkamp

② Eine Knobelei: Lies und rechne mit.

Natalia hat heute Geburtstag.
Natalias kleiner Bruder Ahmed
ist fünf Jahre alt.
Natalias große Schwester
ist doppelt so alt wie Ahmed.
Natalia ist zwei Jahre jünger
als ihre Schwester.
Wie alt wird Natalia heute?

| acht |

③ Lies den Witz gemeinsam mit einem Partnerkind.
Ihr könnt den Witz auch spielen.

Alina gibt in der Klasse an.
„Mein kleiner Bruder ist sehr schlau.
Er kann schon seinen Namen
rückwärts sagen!"
Mirko fragt: „Und wie heißt er?"
„Otto", antwortet Alina.

Lies die Überschrift. Schau dir die Bilder an.
Denke nach: Worum könnte es im Text gehen?

Große Schwester, kleiner Bruder

1 Es machte Spaß, meinen kleinen Bruder
2 zum Lachen zu bringen.
3 Das konnte niemand so gut wie ich.
4 Ja, mein kleiner Bruder freute sich schon,
5 wenn er mich nur sah.
6 Alles, was ich tat, fand er gut.
7 Er machte mir alles nach.
8 Er wollte genau wie ich sein.

9 Aber manchmal war ich zu gut.
10 Dann erschreckte ich ihn.
11 Nur ein bisschen.
12 Hinterher musste ich ihn trösten.
13 Niemand kann meinen kleinen Bruder
14 nämlich so gut trösten wie ich.

15 Aber komischerweise kann mein
16 kleiner Bruder mich auch trösten.
17 Obwohl er noch so winzig ist.
18 Wenn ich im Dunkeln Angst habe,
19 krieche ich in sein Bett.
20 An seinem ruhigen Schnarchen höre ich,
21 dass gar nichts ist, wovor ich
22 Angst haben müsste.

Ann Forslind

Vor dem Lesen des Textes: Verfahren zur ersten Orientierung nutzen und Vorwissen aktivieren   Vermutungen einzelner Kinder zum Textinhalt vortragen und gemeinsam darüber nachdenken; Begriffsklärung nutzen und evtl. weitere Begriffe klären   ▸ zu BB Bei mir zu Hause

① Wer erzählt von dem kleinen Bruder? Kreuze an.

☐ ● die große Schwester   ☐ ● die Mutter   ☐ ● der Vater

② Wie findest du die Geschichte? Schreibe deine Gedanken auf.

Ich finde den Text _____ **, weil**

_____

③ Was kann der kleine Bruder?
Lies im dritten Abschnitt nach. Kreuze an.

Der kleine Bruder kann seine Schwester

☐ tragen.   ☐ trainieren.   ☐ trösten.

④ Der kleine Bruder ist winzig.
Was bedeutet das? Kreuze das richtige Wort an.

☐ frech   ☐ lustig   ☐ klein   ☐ ängstlich

⑤ Welche Stelle findest du besonders schön?
Erzähle einem Partnerkind, warum du diese Stelle magst.

⑥ Hast du auch manchmal Angst? Wer oder was tröstet dich dann?

_____

_____

_____

1. Bastle ein Kamishibai.

2. Male zu jedem Abschnitt in dem Märchen ein Bild.

3. Übe die Vorführung.

4. Stelle das Märchen vor: Erzähle zu jedem Bild.

Die drei Wünsche

1   Es waren einmal ein Mann und eine Frau,
die hatten drei Wünsche frei.
Weil sie aber Angst hatten,
sich etwas Falsches zu wünschen,
überlegten sie hin und her
und konnten sich nicht entscheiden.

2   An einem schönen Tag,
als die Frau die Kartoffeln
auf den Tisch stellte, dachte sie:
„Ach, wenn doch ein Würstchen
drauf liegen würde."
Sie hatte es kaum ausgesprochen,
da ging ihr Wunsch schon in Erfüllung.

3   Als der Mann das sah, wurde er böse,
weil die Frau so einen dummen Wunsch
getan hatte, und er sagte voller Wut:
„Wenn dir das Würstchen
doch an der Nase hängen würde!"
Kaum hatte er das ausgesprochen,
hing das Würstchen dort.

Was soll auf dem dritten Bild
zu sehen sein? Kreuze an:

☐ Mann   ☐ Kind

☐ Frau   ☐ Baum

☐ Würstchen   ☐ Nase

Bildungsstandard:
Texte, Bücher und Medien begründet
auswählen und präsentieren

Schritte des Lesetrainings mit der gesamten Lerngruppe bzw. in kleineren Gruppen
einführen; Anleitung zum Kamishibai auf
http://bildungsserver.berlin-brandenburg.
de/kamishibai.html

▸ zu BB Ich stelle mir vor

4 Was konnten der Mann
und die Frau jetzt noch tun?
Sollte die Frau nicht den Rest
ihres Lebens mit einem Würstchen
an der Nase herumlaufen,
mussten sie es wegwünschen.
Das taten sie auch.
Damit waren ihre drei Wünsche
getan und sie waren so arm dran
wie vorher.

Was soll auf dem vierten Bild
zu sehen sein?
Schreibe die Wörter hier auf.

① Ordne die Wünsche in der richtigen Reihenfolge. Verbinde.

erster Wunsch	Würstchen von der Nase weg
zweiter Wunsch	ein Würstchen zu den Kartoffeln
dritter Wunsch	Würstchen an der Nase der Frau

② Wie spricht der Mann seinen Wunsch aus?
Lies im dritten Abschnitt nach. Kreuze an.

☐ traurig ☐ wütend ☐ fröhlich

③ Geht das Märchen gut aus? Schreibe deine Meinung auf.

Das Märchen geht   aus,

weil

▶ zu BB Ich stelle mir vor

1. Lösungen mithilfe von Textstellen belegen: Zeilennummer angeben/ankreuzen;
2. Sprechvarianten ausprobieren; 3. verschiedene Meinungen zum Text vortragen,
miteinander vergleichen, darüber sprechen

ein Märchen präsentieren: ein Märchen
in Bildern darstellen und im Kamishibai
vorstellen

29

① Ergänze die Märchenverse. Setze die Reimwörter ein.

| Land | | weiß |

Ach, wie gut, dass niemand _____,
dass ich Rumpelstilzchen heiß.

Spieglein, Spieglein an der Wand,
wer ist die Schönste im ganzen _____?

② Wie viele Märchenfiguren entdeckst du?
Notiere die Anzahl.

PRINZ|KÖNIGFEEDRACHEHEXEPRINZESSINZWERG

Es sind _____ Märchenfiguren.

③ Schnellsprechvers für Märchenfreunde:
Lies den Vers ohne Fehler und so schnell wie möglich.
Stoppe die Zeit.

Knusper, knusper, knäuschen,
wer knuspert an meinem Häuschen?
Der Wind, der Wind,
das himmlische Kind.

Ich habe _____ Sekunden gebraucht.

Das Märchen heißt
Hänsel und Gretel.

④ Was gehört nicht in das Märchen Die drei Wünsche?
Streiche das Bild durch.
ein

1. Übung zum Aufstellen von Hypothesen
beim Lesen;
2. und 3. Übungen zur Segmentierung von
Wörtern in Wortteile

4. Übung zum Aufstellen und Überprüfen
von Hypothesen beim Lesen

▸ zu BB Ich stelle mir vor

1 Welche Sätze stimmen?

Unterstreiche die Buchstaben hinter den richtigen Sätzen.

Schreibe das Lösungswort auf.

Rotkäppchen begegnet im Wald einem Wolf.	RUMP
Rotkäppchen begegnet im Bus einem Wolf.	ROST
Hänsel und Miro verliefen sich im Wald.	KOLIBO
Hänsel und Gretel verliefen sich im Wald.	ELSTILZ
Dornröschen stach sich an einer Spindel.	CHEN
Dornröschen stach sich an einem Igel.	SPIEL

LÖSUNGSWORT: _____

2 Was ist gemeint?

Ich bin ein großes, schönes Haus.
Wer mich besitzt, der hat es gut,
der sitzt auf einem goldnen Stuhl,
trägt auf dem Kopf 'nen goldnen Hut,
schläft nachts in einem Daunenbett
und isst aus goldner Schüssel.
Doch steck ich auch in deiner Tür
und in mir drin der Schlüssel.

Paul Maar

● das Schloss

3 Lies den Witz gemeinsam mit Partnerkindern.

Ihr könnt den Witz auch spielen.

Sina ärgert ihre Großmutter. Die Großmutter sagt:
„Sina, kleine Mädchen müssen brav sein, sonst
geht es ihnen wie dem Rotkäppchen. Du weißt doch,
das Rotkäppchen hat der Wolf gefressen."
Sina antwortet: „Ja, ich weiß. Aber zuerst hat
sich der Wolf die Großmutter geschnappt."

Lies die Überschrift. Schau dir die Bilder an.
Denke nach: Worum könnte es im Text gehen?

Der süße Brei

1 Es war einmal ein armes Mädchen,
das lebte mit seiner Mutter alleine.
Die beiden hatten nichts mehr zu essen.
Im Wald traf das Mädchen eine alte Frau.
Sie schenkte dem Mädchen ein Töpfchen
und sprach:
„Wenn du sagst: *Töpfchen, koche,*
dann kocht das Töpfchen süßen Brei.
Wenn du sagst: *Töpfchen, steh,*
dann hört das Töpfchen wieder auf zu kochen."

2 Das Mädchen ging mit dem Töpfchen nach Hause.
Von nun an konnten die Mutter
und das Mädchen immer Brei kochen.
Einmal ging das Mädchen aus.
Da sprach die Mutter: „*Töpfchen koche.*"
Da kochte das Töpfchen süßen Brei
und die Mutter aß sich satt.

3 Die Mutter hatte aber den zweiten Spruch vergessen.
Und so kochte das Töpfchen immer weiter.
Und der Brei stieg über den Rand des Töpfchens
in die Küche, dann ins Haus und ins nächste Haus.
Dann lief der Brei in die Straße und in die ganze Stadt.

4 Endlich kam das Mädchen nach Hause.
Es sprach: „*Töpfchen, steh.*"
Da hörte das Töpfchen auf zu kochen.
Wer aber in die Stadt hineinwollte,
der musste sich durchessen.

Vor dem Lesen des Textes: Verfahren zur
ersten Orientierung nutzen und Vorwissen
aktivieren

Vermutungen einzelner Kinder zum Textinhalt vortragen und gemeinsam darüber
nachdenken; Begriffe klären; Herstellen
von Bezügen zum Märchen *Das Töpfchen*
(s. AH 2, Teil A, S. 78/79)

▸ zu BB Ich stelle mir vor

① Wie findest du das Märchen? Schreibe deine Gedanken auf.

Ich finde das Märchen ⟨⟨⟨⟨⟨⟨⟨⟨⟨⟨⟨ ,

weil ⟨⟨⟨⟨⟨⟨⟨⟨⟨⟨⟨

② Welche Figuren spielen in dem Märchen eine Rolle? Kreuze an.

☐ ● Mutter   ☐ ● Vater   ☐ ● armes Mädchen   ☐ ● alte Frau

③ Welches Bild passt zum zweiten Abschnitt? Rahme es ein.

④ Was passt auf das Bild zum dritten Abschnitt? Kreuze an.

☐ ● Mutter   ☐ ● Mädchen   ☐ ● Straße   ☐ ● Brei   ☐ ● Wald

⑤ Ordne jedem Abschnitt eine Überschrift zu. Verbinde.
Erkläre einem Partnerkind deine Zuordnung.

Abschnitt 1		Das Wundertöpfchen
Abschnitt 2		Die Rettung
Abschnitt 3		Überall süßer Brei
Abschnitt 4		Endlich satt

⑥ Stelle mit einem Partnerkind das Märchen im Kamishibai vor.
Malt zu jedem Abschnitt ein Bild. Übt die Vorführung.

► zu BB Ich stelle mir vor

1. sich über den Text austauschen;
2.–5. Lösungen mithilfe von Textstellen belegen; 6. Anleitung zum Kamishibai auf http://bildungsserver.berlin-brandenburg.de/kamishibai.html

ein Märchen präsentieren: eigene Gedanken zum Text entwickeln, Figuren, Handlungsorte und Handlungsablauf erfassen, das Märchen in Bildern darstellen und im Kamishibai vorstellen

1. Lies zuerst den ganzen Text.

2. Lies dann die Aussage zum Text.

3. Suche im Text die passende Stelle.

4. Vergleiche Wort für Wort. Entscheide, ob die Aussage stimmt.

Fußball und Zitroneneis

1 Moritz ist mein bester Freund.

2 Und ich bin seine beste Freundin.

3 Wir spielen beide gern Fußball.

4 Und wir haben beide einen grünen Pullover,

5 denn die Farbe Grün mögen wir beide am allerliebsten.

6 Moritz kann den ganzen Tag mit Playmobil spielen,

7 aber ich nur eine Weile.

8 Moritz malt gerne. Aber ich fahre lieber Fahrrad.

9 Moritz mag Schokoladeneis am liebsten.

10 Aber ich mag nur Zitroneneis. Und Erdbeere ein bisschen.

Anne Maar

① Das ist eine Aussage zum Text:

    Moritz malt gerne.

Suche im Text die passende Stelle.
Vergleiche Wort für Wort. Kreuze an.

☐ Die Aussage zum Text stimmt.

☐ Die Aussage zum Text stimmt nicht.

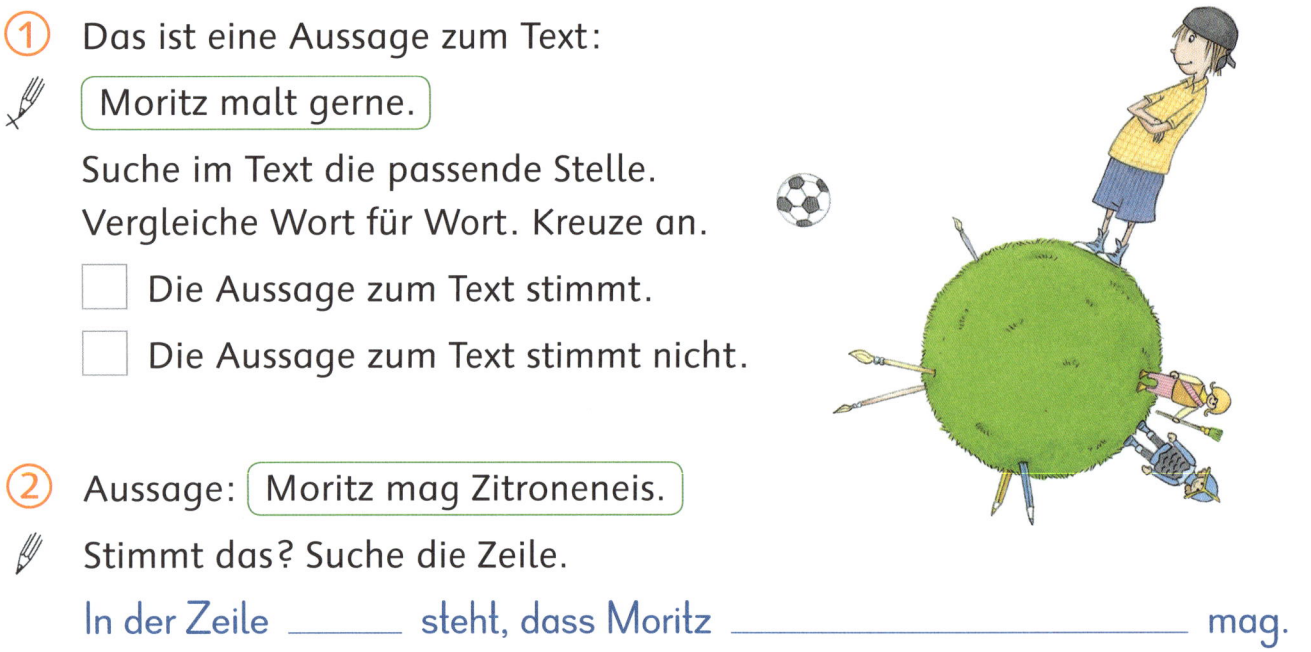

② Aussage: Moritz mag Zitroneneis.

Stimmt das? Suche die Zeile.

In der Zeile _____ steht, dass Moritz _____ mag.

Bildungsstandard:
Aussagen mit Textstellen belegen

Schritte des Lesetrainings mit der gesamten Lerngruppe bzw. in kleineren Gruppen einführen; Unterstreichen der Aussagen im Text als möglichen Zwischenschritt nutzen

► **zu** BB Zeit für mich

Ein Plan für die ganze Familie

	Mama	Papa	Emira	Mano
Montag		19.30 Uhr Elternabend		16.00 Uhr Musikschule
Dienstag	14.00 Uhr Zahnarzt		14.00 Uhr Zahnarzt	
Mittwoch		17.00 Uhr Autowerkstatt		
Donnerstag				
Freitag	19.00 Uhr Kino	19.00 Uhr Kino	14.00 Uhr Leseklub	
Sonnabend/ Samstag		15.00 Uhr Boxen		15.00 Uhr Boxen
Sonntag			Mias Geburtstag	

① Das ist eine Aussage zum Plan:

[Am Sonntag gehen Papa und Mano zum Boxen.]

Suche im Plan die passenden Stellen.
Vergleiche Wort für Wort. Kreuze an.

☐ Die Aussage stimmt.

☐ Die Aussage stimmt nicht.

weil _____

② Welche Aussage stimmt? Kreuze an.

☐ [Mama und Emira haben am Dienstag einen Termin beim Zahnarzt.]

☐ [Mama und Emira haben am Freitag einen Termin beim Zahnarzt.]

③ Aussage: [Mama geht am Sonntag ins Kino.] Stimmt das?

Im Plan steht, dass Mama am _____ ins Kino geht.

► zu BB Zeit für mich
1.–3. Lösungen mithilfe von Textstellen belegen: Angaben in der Tabelle markieren, ankreuzen oder einrahmen
Texte erschließen: Aussagen zu einem Plan prüfen
35

① Lies das Gedicht so schnell wie möglich.
Stoppe die Zeit.

Die Zeit vergeht
lustig
luslustigtig
lusluslustigtigtig
luslusluslustigtigtigtig
lusluslusluslustigtigtigtigtig
luslusluslusluslustigtigtigtigtigtig
lusluslusluslusluslustigtigtigtigtigtigtig
luslusluslusluslusluslustigtigtigtigtigtigtigtig

KLICK

ernst jandl

Ich habe _____ Sekunden gebraucht.

② Kennst du dich aus? Verbinde!

- **die** Armbanduhr

- **die** Stoppuhr

- **die** Sanduhr

- **die** Kuckucksuhr

- **der** Wecker

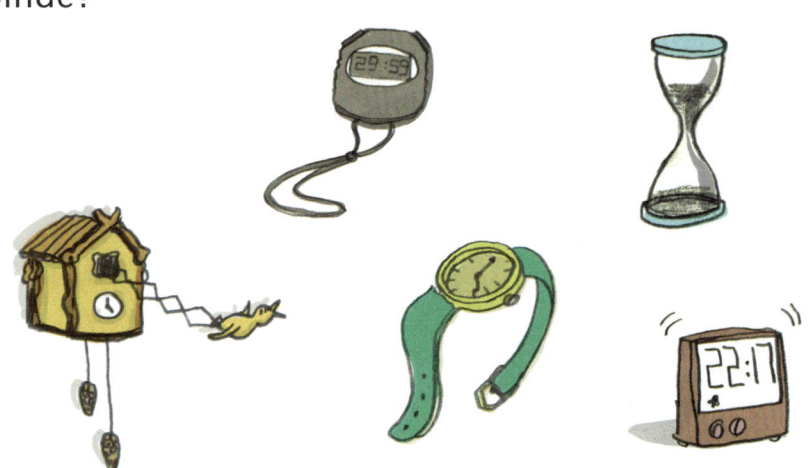

③ Lies die Wörtertreppen. Ergänze.

Geburt

Geburtstag

Geburtstagsparty

Geburtstagsparty_____

Arm

Armband

Armbanduhr

Armbanduhr_____

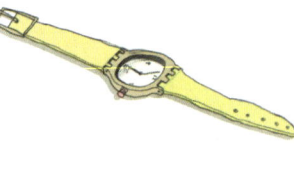

1. und 3. Übungen zur Segmentierung von Wörtern in Wortteile   2. Übung zum Aufstellen von Hypothesen beim Lesen   ▸ **zu** BB Zeit für mich

① Kennst du dich aus? Verbinde.

atemlos		Mir ist heiß.
erhitzt		Ich bin k. o.
erschöpft		Ich kriege kaum Luft.

② Welches Wort passt? Trage es ein.

Tag   Nacht

Vor Müdigkeit umfallen
atemlos
erhitzt
erschöpft
nach einem reichen,
langen, langen _____,
der viel zu kurz war.

Hans Manz

③ Ein Rätsel

Manche Monate haben 30 Tage.
Andere Monate haben 31 Tage.
Wie viele Monate haben 28 Tage?

alle

④ Lies den Witz gemeinsam mit einem Partnerkind.
Ihr könnt den Witz auch spielen.

„Kommst du am Freitag zu mir?", fragte Ricky.
„Dann spielen wir im Garten Fußball."
„Wenn es aber am Freitag regnet?", fragte Roman.
„Dann kommst du einfach am Donnerstag."

▸ zu BB Zeit für mich   1. Übung zum Aufstellen und Überprüfen
von Hypothesen beim Lesen,
2.–4. Übungen zum Überprüfen von
Hypothesen beim Lesen   Übungen zur Förderung der Dekodier-
fähigkeit   37

Lies die Überschrift. Schau dir das Bild an.
Denke nach: Worum könnte es im Text gehen?

Selma ist ein Teufelsbraten

1 Jeder, der Selma zum ersten Mal sah,
2 fand sie unheimlich süß.
3 Selma hatte hellblonde Zöpfe,
4 dunkelbraune Augen,
5 eine Himmelfahrtsnase
6 und eine doppelte Zahnlücke.

7 Alle, die Selma richtig gut kannten,
8 fanden, dass sie eine richtige
9 kleine Kröte war.
10 Und Selmas große Schwester Melle fand:
11 Selma war ein Teufelsbraten.

12 Melle konnte Flöte spielen und
13 Freundschaftsbänder knüpfen.
14 Außerdem lernte sie Karate.

15 Selma brauchte kein Karate.
16 Sie konnte Räder schlagen,
17 Handstand und Salto aus dem Stand.
18 Außerdem konnte sie zwicken,
19 kratzen und sehr weit spucken.

20 Karate fand sie ziemlich sinnlos.
21 Und damit hatte sie leider recht.
22 Gegen Selma half Karate nämlich
23 überhaupt nicht.

Saskia Hula

● der Teufelsbraten:
jemand, der sich
manchmal wie
ein kleiner Teufel
benimmt

● die Himmelfahrtsnase:
nach oben
gebogene Nase,
auch Stupsnase

● der Salto aus
dem Stand:
Überschlag
ohne Anlauf

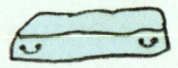

Vor dem Lesen des Textes: Verfahren zur
ersten Orientierung nutzen und Vorwissen
aktivieren

Vermutungen einzelner Kinder zum Textinhalt vortragen und gemeinsam darüber
nachdenken; Begriffserklärungen nutzen
bzw. Begriffe klären

► zu BB Zeit für mich

① Wie findest du Selma?

Welche Wörter passen zu Selma?

Selma ist _____

_____ .

sportlich	ängstlich
still	frech
schüchtern	mutig

② Welche Stelle im Text passt zum Bild? Rahme die Stelle ein.

③ Welche Aussage stimmt? Welche Aussage stimmt nicht? Kreuze an.

	stimmt	stimmt nicht
Selma kann Flöte spielen.	☐	☐
Melle kann Karate.	☐	☐
Selma kann Handstand.	☐	☐
Melle kann Räder schlagen.	☐	☐

④ Selma braucht kein Karate.

In welcher Zeile steht das? Zeile _____

⑤ Wer findet, dass Selma ein Teufelsbraten ist?

In welcher Zeile steht der Name? Kreuze an.

☐ Zeile 9　　☐ Zeile 10　　☐ Zeile 11

⑥ Welcher Steckbrief gehört zu Selma? Prüfe.

Kreuze den richtigen Steckbrief an.

☐
Haare: hellblond
Augen: dunkelbraun
Nase:　Himmel-
　　　　fahrtsnase
Zähne: Zahnklammer

☐
Haare: hellblond
Augen: dunkelblau
Nase:　Himmel-
　　　　fahrtsnase
Zähne: Zahnlücke

☐
Haare: hellblond
Augen: dunkelbraun
Nase:　Himmel-
　　　　fahrtsnase
Zähne: Zahnlücke

1. Wähle deine Lieblingsstelle aus einem Text aus.

2. Übe deinen Vortrag.

3. Trage die Textstelle vor. Frage ein Partnerkind, was du noch verbessern kannst.

Lies zuerst schwierige Wörter mehrmals halblaut vor.

Mache am Satzende immer eine kurze Pause.

Bücher kann man lesen

Kind: Bücher kann man lesen,
Bücher kann man angucken,
Bücher kann man mitnehmen
auf eine große, große Reise.
Buch: Oh, sehr schön!

Kind: Bücher kann man
immer wieder lesen,
Bücher kann man
gemütlich durchblättern,
Bücher kann man einpacken
und überall mit hinnehmen.
Buch: Keine schlechte Idee!

Kind: Bücher kann man
schön finden,
Bücher kann man
schrecklich schön finden,
Bücher kann man eigentlich
richtig lieb haben.
Buch: Mmmmm!

Kind: Bücher kann man streicheln,
Bücher kann man anknabbern.
Buch: Hör bloß auf!

Kind: Bücher kann man in hohem Bogen in die Ecke schmeißen.
Buch: Ich glaub, du spinnst!
Kind: Verzeihung!

Christine Frick-Gerke

① Welcher Abschnitt gefällt dir am besten?
Rahme diesen Abschnitt ein und übe ihn.

② Trage diesen Abschnitt einem Partnerkind vor.

Bildungsstandard:
selbst gewählte Texte zum Vorlesen vorbereiten und sinngestaltend vorlesen

Schritte des Lesetrainings mit der gesamten Lerngruppe bzw. in kleineren Gruppen einführen; unterschiedliche Lieblingstextstellen benennen und präsentieren

▸ **zu** BB Computermaus und Lesekater

Muffel kann fast alles

1 Muffel kann gut
2 Tore schießen.
3 Er kann schwimmen
4 und tauchen und
5 auf einem Seil bis
6 nach oben klettern.
7 Er kann ein Nilkrokodil
8 von einem Alligator
9 unterscheiden und
10 einen Katzenhai von
11 einem Hammerhai.
12 Außerdem ist er der
13 schnellste Rollerfahrer
14 der ganzen Schule.
15 Muffel kann fast alles.

16 Nur eines kann Muffel
17 nicht so gut, und das
18 ist lesen. Aber lesen
19 ist auch nicht so wichtig.
20 Denn lesen können
21 sowieso die anderen.
22 Außerdem ist lesen
23 langweilig. Vom Lesen
24 bekommt Muffel immer
25 juckende Augen und
26 schwere Füße. Sobald er
27 ein Buch aufschlägt,
28 fängt er an zu gähnen.
29 Lesen macht ihn einfach
30 müde. Unheimlich müde.

Saskia Hula

● das Nilkrokodil   ● der Alligator   ● der Katzenhai   ● der Hammerhai

① Was kann Muffel nicht so gut? Ergänze den Satz.

✎ Muffel kann nicht so gut _____ .

② Welche Textstelle gefällt dir am besten?
Rahme diese Textstelle ein und übe sie.

③ Trage die Textstelle einem Partnerkind vor.
Lass dein Partnerkind ankreuzen:

☐ Du hast die Textstelle toll vorgelesen.

☐ Mache am Satzende eine Pause.

☐ Übe die schwierigen Wörter noch einmal.

▸ zu BB Computermaus und Lesekater   2. Auswahl der Lieblingstextstelle begrün-   eine selbst gewählte Textstelle zum Vor-
den;   lesen vorbereiten und vortragen
3. Textflüssigkeit und passende Pausen-   41
setzung als Kriterien einführen

① Drehe diese Wörter um.

Buchpferde　　　　　**Film**tier　　　　　**Buch**bilder

● _____　　● _____　　● _____

Krimikinder　　　　　**Schirm**bild　　　　　Regal**bücher**

● _____　　● _____　　● _____

② Welcher Satz stimmt? Kreuze an.

☐ In der Bücherei können sich Rinder Bücher ausleihen.

☐ In der Bücherei können sich Kinder Kuchen ausleihen.

☐ In der Bücherei können sich Kinder Bücher ausleihen.

☐ Mia leiht in der Bücherei ein Pferd aus.

☐ Mia leiht in der Bücherei ein Pferdebuch aus.

☐ Mia leiht in der Bücherei ein Pferdetuch aus.

☐ Milan liegt in der Bücherei ein Buch.

☐ Milan liest in der Bücherei ein Buch.

☐ Milan niest in der Bücherei ein Buch.

③ Berühmte Buch- und Filmfiguren: Verbinde, was zusammengehört.

Micky Maus

Pippi Langstrumpf

Mowgli

Donald Duck

1. Übung zur Segmentierung von Wörtern in Wortteile;
2. Übung zum Überprüfen von Hypothesen beim Lesen

3. Übung zum Aufstellen von Hypothesen beim Lesen

▸ **zu** BB Computermaus und Lesekater

① Ergänze die fehlenden Buchstaben.

✎ **Es las ein Bär**

Es las ein Bär ein ___uch im ___ett.

Es blitzte draußen und krachte.

Der ___är lag, las und lachte.

Was las der ___är,

was las er im ___ett?

Ein ___uch voll A ___ C D E F G H ___ J K L ___ N O P Q ___ S T

U V ___ X Y und ___ .

Josef Guggenmos

② Das gibt es in der Bücherei. Setze die Silben richtig zusammen.

✎ ● ZEIT-   ● HÖR-   ○ FIL-   -BUCH   -ME   -SCHRIFT

_____

_____

③ Welcher Wurm ist ganz besonders schlau?

● der Bücherwurm

Menschen,
die sehr viel lesen,
werden *Bücherwurm*
genannt.

④ Lies den Witz gemeinsam mit einem Partnerkind.
Ihr könnt den Witz auch spielen.

Papa liest Anton eine Gute-Nacht-Geschichte vor,
damit Anton einschläft. Das Buch ist ziemlich langweilig.
Nach einer halben Stunde öffnet Mama die Tür
und fragt leise: „Ist er jetzt eingeschlafen?"
Anton antwortet: „Ja, endlich."

▶ **zu BB Computermaus und Lesekater**   1. Übung zum Aufstellen von Hypothesen
beim Lesen;
2. Übung zur Segmentierung von Wörtern
in Wortteile

3. und 4. Übungen zum Überprüfen von
Hypothesen beim Lesen

Lies die Überschrift. Schau dir die Bilder an.
Denke nach: Worum könnte es im Text gehen?

Wunderschöne Buchgeschenke

Lisa lebt in dem winzigen Dorf Bullerbü. Weil Bullerbü so klein ist,
gibt es dort keine Schule und alle Kinder gehen zusammen in die Schule
nach Storbü. Hier erzählt Lisa von einem besonderen Schultag.

1 Es war der letzte Schultag
2 vor Weihnachten. Alles war
3 irgendwie besonders an
4 diesem Tag. Und gerade,
5 als wir gehen wollten,
6 kam das Beste von allem.
7 Fräulein Lundgren hatte
8 Märchenbücher für uns bestellt.
9 Genau an diesem letzten
10 Schultag hatte Fräulein Lundgren
11 die Bücher bekommen. Sie ging
12 herum und verteilte sie.
13 Ich konnte es fast nicht erwarten,
14 bis ich meine bekam. Aber Mama
15 hatte gesagt, wir dürften sie nicht
16 vor dem Weihnachtsabend lesen.
17 Dann gingen wir nach Hause.

18 Während wir gingen, holte Britta
19 ihr Märchenbuch hervor. Nachdem
20 sie ein ganz kleines bisschen
21 vorgelesen hatte, fanden wir es
22 alle so spannend. Sie las noch ein
23 Stückchen, aber das nützte nichts,
24 denn als sie das nächste kleine Stück
25 gelesen hatte, war es noch immer
26 genauso spannend.
27 „Ich muss wissen, ob der Prinz
28 verzaubert wird oder nicht",
29 sagte Lasse.
30 Und da musste Britta noch ein kleines
31 Stück lesen. So ging es weiter.
32 Als wir nach Bullerbü kamen,
33 hatte Britta uns das ganze Buch
34 vorgelesen.

Astrid Lindgren

Vor dem Lesen des Textes: Verfahren zur
ersten Orientierung nutzen und Vorwissen
aktivieren

Vermutungen einzelner Kinder zum Textinhalt vortragen und gemeinsam darüber
nachdenken; Begriffsklärung nutzen und
evtl. weitere Begriffe klären

▸ **zu** BB Computermaus und Lesekater

① Wer erzählt von diesem besonderen Schultag? Kreuze an.

☐ Lasse ☐ Lisa ☐ Britta

② Wer ist Frau Lundgren? Was vermutest du? Kreuze an.

Frau Lundgren ist

☐ eine Lehrerin. ☐ die Mama von Lisa. ☐ eine Malerin.

③ Welche Textstelle gefällt dir am besten?
Rahme diese Textstelle ein und übe sie.

④ Warum gefällt dir diese Textstelle? Begründe.

⑤ Trage die Textstelle einem Partnerkind vor.
Lass dein Partnerkind hier ankreuzen.

☐ Du hast die Textstelle toll vorgelesen.

☐ Mache am Satzende eine Pause.

☐ Übe die schwierigen Wörter noch einmal.

⑥ Was für eine Leserin oder ein Leser bist du?
Male die passende Sprechblase aus

Ich lese nicht so gerne.

Ich lese gerne.

Ich lese manchmal.

⑦ Finde eine neue Überschrift für die Geschichte.

1. Suche dir ein Kind zum Partnerlesen.

2. Lest zusammen den Text halblaut vor.

3. Lest nun abwechselnd.

4. Lest danach den Text ein zweites Mal.
   Tauscht beim zweiten Mal die Sätze.

5. Sprecht darüber:
   Könnt ihr den Text jetzt flüssiger lesen?

Ich lese zuerst die grünen Zeilen.

Ich lese zuerst die braunen Zeilen. Danach tauschen wir.

Der Regenbogen

Ein Regenbogen,
komm und schau!
Rot und orange,
gelb, grün und blau.

So herrliche Farben
kann keiner bezahlen,
sie über den halben
Himmel zu malen.

Ihn malte die Sonne
mit goldener Hand
auf eine wandernde
Regenwand.

Josef Guggenmos

① Lies den Text mit einem Partnerkind wie oben beschrieben.

② Was meinst du? Wie flüssig kannst du das Gedicht jetzt lesen? Kreuze an.

☐ Ich kann den Text jetzt flüssig lesen.

☐ Ich kann den Text jetzt fast flüssig lesen.

☐ Ich kann den Text noch nicht flüssig lesen und übe noch einmal.

Bildungsstandard: altersgemäße Texte flüssig vorlesen

Schritte des Lesetrainings mit der gesamten Lerngruppe bzw. in kleineren Gruppen einführen; verschiedene Selbsteinschätzungen vortragen

▶ **zu** BB Die Welt um mich herum

Tipps für Wassersparer

Warum soll ich Wasser sparen?
Wasser ist sehr kostbar, wir dürfen
es nicht verschwenden.

Wie können wir Wasser sparen?
Man spart Wasser, wenn man duscht
und nicht in der Badewanne badet.

Aber warum denn das?
Beim Duschen verbraucht man
viel weniger Wasser.

Gibt es noch einen Tipp?
Man kann im Garten
eine Regentonne aufstellen.

Wozu soll das gut sein?
Mit dem Regenwasser kann man
prima den Garten gießen.

Wasser sparen:
weniger Wasser
verbrauchen

kostbar:
wertvoll,
sehr viel wert

● die Regentonne:
zum Sammeln von
Regenwasser

① Suche dir ein Partnerkind. Führt das Partnerlesen durch.

② Wie flüssig kannst du den Text jetzt lesen? Kreuze es in der Tabelle an.
Bitte auch dein Partnerkind, dich einzuschätzen.

So schätze ich mich ein:		So schätzt mich mein Partnerkind ein:	
Ich kann den Text jetzt flüssig lesen.	☐	Du kannst den Text jetzt flüssig lesen.	☐
Ich kann den Text jetzt fast flüssig lesen.	☐	Du kannst den Text jetzt fast flüssig lesen.	☐
Ich kann den Text noch nicht flüssig lesen. Ich muss noch einmal üben.	☐	Du kannst den Text noch nicht flüssig lesen. Du musst noch einmal üben.	☐

► zu BB Die Welt um mich herum

Begriffsklärung nutzen und evtl. weitere
Begriffe klären; Partnerwahl evtl. steuern
(guter Leser mit weniger gutem Leser)

Trainingsverfahren zum flüssigen Vorlesen
kennen und anwenden; Trainingserfolg
einschätzen

47

① Lies die Zungenbrecher ohne Fehler und so schnell wie möglich.
👄 Stoppe die Zeit.

Schnelle Zungenbrecher-Sprecher

Fischers Fritz fischt frische Fische.
Frische Fische fischt Fischers Fritz.

Ich habe _____ Sekunden gebraucht.

Schneeweiße Schwäne schwimmen
schweigend auf dem Schwanensee.

Ich habe _____ Sekunden gebraucht.

② Ergänze die passenden Reimwörter.

✏️ | auch | | Regen | | Sonnenlicht |

Schwarze Wolke

Schwarze Wolke,   Lass den Blitz in

regne nicht,   deinem Bauch

ich steh gern im   und die schweren

_____ .   Donner _____ .

Alfred Könner

③ Drehe diese Wörter um.

✏️ **Ball**wasser   **Schirm**regen   **Boot**ruder

● _____   ● _____   ● _____

Fischgold   **Hahn**wasser   **Bahn**eis

● _____   ● _____   ● _____

1. und 3. Übungen zur Segmentierung von   2. Übung zum Aufstellen von Hypothesen   ▸ **zu** BB Die Welt um mich herum
Wörtern in Wortteile   beim Lesen

① Im Wasser haben sich fünf Gegenstände versteckt. Markiere sie.

Wasser Würfel Wasser Wasser Wasser Wasser Wasser Wasser
Wasser Wasser Wasser Windel Wasser Wasser Wasser Wasser
Wasser Wasser Wasser Wasser Wasser Wasser Wasser Wasser
Wasser Wasser Wasser Wasser Wasser Wasser Waffel Wasser
Wasser Wasser Murmel Wasser Wasser Wasser Wasser Wasser
Wäsche Wasser Wasser Wasser Wasser Wasser Wasser Wasser

② Vier Fragen an Kapitän Grote. Verbinde sie mit passenden Antworten.

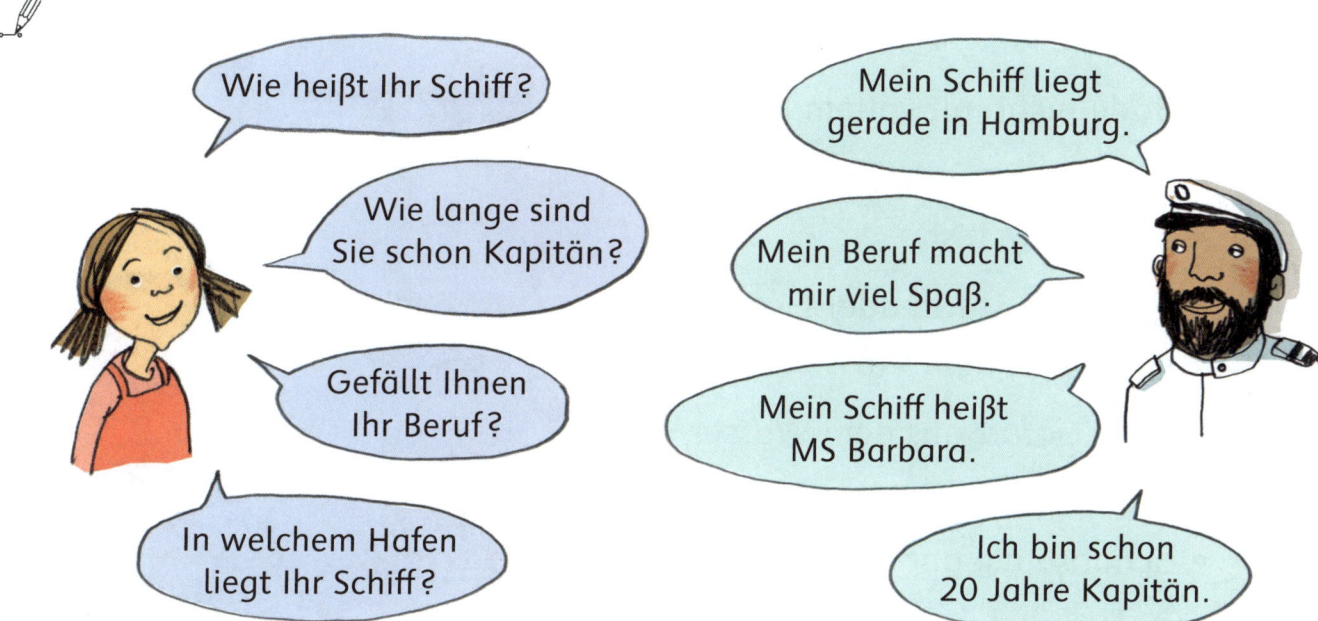

Wie heißt Ihr Schiff?

Wie lange sind Sie schon Kapitän?

Gefällt Ihnen Ihr Beruf?

In welchem Hafen liegt Ihr Schiff?

Mein Schiff liegt gerade in Hamburg.

Mein Beruf macht mir viel Spaß.

Mein Schiff heißt MS Barbara.

Ich bin schon 20 Jahre Kapitän.

③ Lies den Witz gemeinsam mit einem Partnerkind.
Ihr könnt den Witz auch spielen.

Ramin fragt die Verkäuferin in der Zoohandlung:
„Wie viel kostet ein Goldfisch?"
Die Verkäuferin antwortet: „Zehn Euro."
Ramin zählt sein Geld nach.
Aber er hat nur fünf Euro.
Da fragt Ramin noch einmal:
„Und wie viel kostet ein Silberfisch?"

10 €

Lies die Überschrift. Schau dir die Bilder an.
Denke nach: Worum könnte es im Text gehen?

WICHTIGE Baderegeln

- Bade nie allein.

- Springe nie in ein Gewässer, das du nicht kennst.

- Springe nie erhitzt ins Wasser, kühle dich vorher ab.

- Bade nicht mit vollem Magen.

- Gehe nicht ins Wasser, wenn du sehr müde bist.

- Gehe bei Sturm oder Gewitter sofort aus dem Wasser.

- Gehe sofort aus dem Wasser, wenn du frierst.

- Schubse nie andere ins Wasser.

- Rufe im Notfall rechtzeitig laut um Hilfe.

- Rufe NIE aus Spaß um Hilfe.

HILFE!

① Suche dir ein Partnerkind. Führt das Partnerlesen durch.

○ die *Gewässer*: kommt von *Wasser*, ein See, das Meer, ein Fluss sind Gewässer	● der Magen: befindet sich in deinem Bauch, dort gelangt das Essen hinein	● der Notfall: wenn jemand in Not ist und Hilfe braucht

Vor dem Lesen des Textes: Verfahren zur ersten Orientierung nutzen und Vorwissen aktivieren

Vermutungen einzelner Kinder zum Textinhalt vortragen und gemeinsam darüber nachdenken; Begriffsklärung nutzen und evtl. weitere Begriffe klären

▸ zu BB Die Welt um mich herum

② Wie flüssig kannst du den Text jetzt lesen?

Kreuze es in der Tabelle an.

Bitte auch dein Partnerkind, dich einzuschätzen.

So schätze ich mich ein:		So schätzt mich mein Partnerkind ein:	
Ich kann den Text jetzt flüssig lesen.	☐	Du kannst den Text jetzt flüssig lesen.	☐
Ich kann den Text jetzt fast flüssig lesen.	☐	Du kannst den Text jetzt fast flüssig lesen.	☐
Ich kann den Text noch nicht flüssig lesen. Ich muss noch einmal üben.	☐	Du kannst den Text noch nicht flüssig lesen. Du musst noch einmal üben.	☐

③ Was sollst du tun, wenn du im Wasser frierst? Schreibe die Regel ab.

_____

④ Unterstreiche die Regeln, die neu für dich sind.

⑤ Welches Verhalten ist richtig?

Überprüfe mit Hilfe der Baderegeln.

Kreuze an.

	richtig	falsch
Am liebsten bade ich bei Gewitter im See. Das ist aufregend.	☐	☐
Ich gehe immer nur ins Wasser, wenn jemand mitkommt.	☐	☐
Ich stoße nie andere ins Wasser. Sie könnten sich verletzen.	☐	☐

⑥ Warum soll man nie aus Spaß um Hilfe rufen?

Sprich mit einem Partnerkind.

1. Lies zuerst den ganzen Text.

2. Lies dann jeden Abschnitt ganz genau.

3. Schreibe zu jedem Abschnitt einen Satz auf.

4. Erzähle den Inhalt des Textes.
   Benutze dazu deine Sätze.

Worum geht es?

Was ist das Wichtigste?

Guten Tag

1 **Überall auf der Welt begrüßen** sich Menschen freundlich.
Doch wie die Menschen das machen, ist **sehr verschieden**.
Hier lernst du zwei interessante Beispiele kennen.

2 Die **Inuit** im kalten **Kanada** brauchen
ihre Nasen zur Begrüßung.
Sie reiben nämlich ihre **Nasenspitzen
aneinander**, wenn sie sich begegnen.

3 Ziemlich ungewöhnlich für uns ist
die Begrüßung der **Maori** in **Neuseeland**.
Hier **streckt man die Zunge heraus**,
um sich einen guten Tag zu wünschen.

① Welcher Satz passt zu welchem Abschnitt?
Schreibe die Nummer in das Kästchen.

☐ In Neuseeland strecken die Maori zur Begrüßung die Zunge heraus.

☐ Auf der Welt begrüßt man sich ganz unterschiedlich.

☐ Die Inuit reiben zur Begrüßung ihre Nasenspitzen aneinander.

52

Bildungsstandard:
Texte mit eigenen Worten wiedergeben

Schritte des Lesetrainings mit der gesamten Lerngruppe bzw. in kleineren Gruppen einführen; auf fett gedruckte Textteile hinweisen

▸ **zu** BB Bei uns und anderswo

Otavalo – eine kleine Stadt in Ecuador

1 Quito ist die Hauptstadt von Ecuador.
In der Nähe von Quito liegt hoch
im Gebirge die kleine Stadt Otavalo.

2 Die Einwohner von Otavalo
können auch Spanisch sprechen.
Doch ihre Hauptsprache ist Kechua
(sprich: Ketschua).
Das ist eine sehr alte Sprache.

3 Die Männer in Otavalo
haben lange schwarze Haare.
Die Haare flechten die Männer
zu einem langen Zopf.

4 In Otavalo gibt es große Märkte.
Hier kann man vieles einkaufen:
Obst und Gemüse, aber auch
schöne bunte Stoffe.

① Welcher Satz passt zu welchem Abschnitt?
Schreibe die Nummer in das Kästchen.

☐ Otavalo liegt in der Nähe von Quito.

☐ Auf den Märkten in Otavalo kann man vieles kaufen.

☐ Die Einwohner von Otavalo sprechen Kechua.

② Schreibe zum dritten Abschnitt einen Satz. Die blauen Wörter helfen dir.

_____

_____

③ Erzähle einem Partnerkind den Inhalt des Textes.
Benutze dazu die Sätze aus Aufgabe 1 und 2 in der richtigen Reihenfolge.

 ► zu BB Bei uns und anderswo   2. und 3. Sätze zu den Abschnitten auf   Text mit eigenen Worten wiedergeben: 53
                                          einzelne Kärtchen schreiben; Methode des   Formulieren von Sätzen zu einzelnen
                                          „roten Fadens" nutzen   Textabschnitten

1 Kannst du Spanisch? Kreuze die richtige Aussage an.

Buenos dias heißt auf Deutsch

☐ guten Morgen

☐ willkommen

☐ gute Nacht

Gracias heißt auf Deutsch

☐ danke

☐ bitte

☐ Entschuldigung

> Die Lösungen findest du im Basisbuch auf Seite 121.

2 Lies die Wörtertreppe. Schreibe weiter.

Griechen

Griechenland

Griechenlandflagge

Wörter

Wörterbuch

Wörterbuch_____

Eisen

Eisenbahn

Eisenbahnreise

Flug

Flugzeug

Flugzeug_____

3 Setze die Silben zu vier Ländernamen zusammen. Die Farben helfen dir.
Schreibe die Ländernamen auf.

Li   Tür   Russ   Po   non

len   ba   kei   land

_____

_____

① Verbinde jede Frage mit der passenden Antwort.

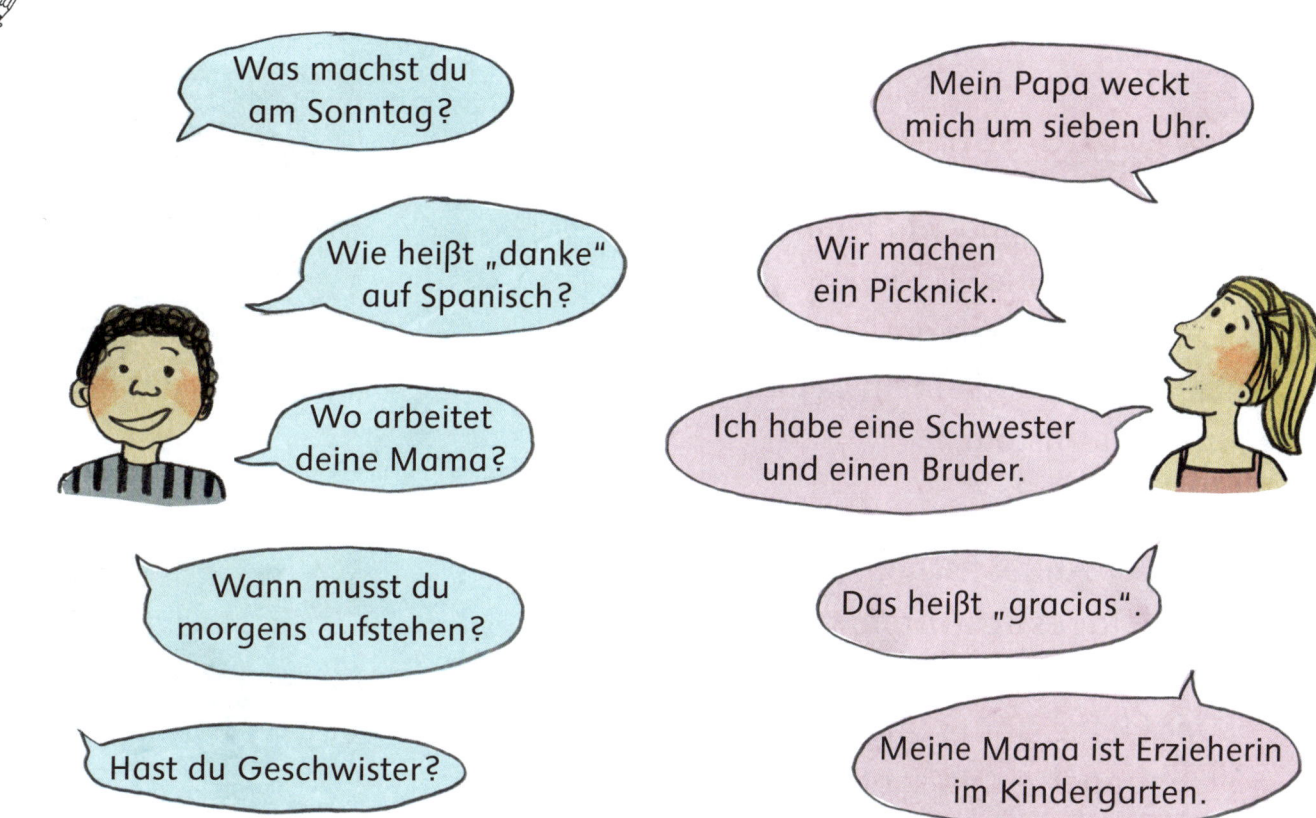

Was machst du am Sonntag?

Mein Papa weckt mich um sieben Uhr.

Wie heißt „danke" auf Spanisch?

Wir machen ein Picknick.

Wo arbeitet deine Mama?

Ich habe eine Schwester und einen Bruder.

Wann musst du morgens aufstehen?

Das heißt „gracias".

Hast du Geschwister?

Meine Mama ist Erzieherin im Kindergarten.

② Was kann sich immer rundherum drehen und wird doch nicht schwindelig?

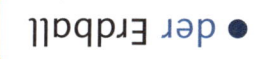

● der Erdball

③ Lies den Witz gemeinsam mit Partnerkindern. Ihr könnt den Witz auch spielen.

Frau Koch fragt die Kinder:
„Was ist weiter weg, Spanien oder der Mond?"
Milan meldet sich: „Spanien natürlich."
„Aber Milan, wie kommst du denn darauf?",
fragt die Lehrerin.
Milan erklärt: „Den Mond kann ich sehen,
aber Spanien nicht."

▸ zu BB Bei uns und anderswo   1. Übung zum Aufstellen und Überprüfen von Hypothesen beim Lesen   2. und 3. Übungen zum Überprüfen von Hypothesen beim Lesen

55

Lies die Überschrift. Schau dir die Bilder an.
Denke nach: Worum könnte es im Text gehen?

Oh, wie schön ist Panama

1   Es waren einmal ein kleiner Bär
und ein kleiner Tiger,
die lebten unten am Fluss.
Sie wohnten in einem gemütlichen Haus
mit Schornstein.

2   Der kleine Bär ging jeden Tag
mit der Angel fischen.
Eines Tages schwamm
auf dem Fluss eine Kiste vorbei.
Der kleine Bär fischte die Kiste aus dem Wasser,
schnupperte und sagte: „Oooh … Bananen."
Die Kiste roch nämlich nach Bananen.

3   Und was stand auf der Kiste geschrieben?
„Pa-na-ma", las der kleine Bär.
„Die Kiste kommt aus Panama
und Panama riecht nach Bananen."

4   Der kleine Bär lief nach Hause
und erzählte dem kleinen Tiger
bis spät in die Nacht hinein
von Panama.
„In Panama", sagte er, „ist alles viel schöner,
weißt du. Denn Panama riecht
von oben bis unten nach Bananen.
Panama ist das Land unserer Träume, Tiger.
Wir müssen sofort morgen nach Panama,
was sagst du Tiger?"

Janosch

● der Schornstein

● die Angel

schnuppern:
riechen

roch:
kommt von *riechen*

Panama:
ein Land in
Südamerika

Vor dem Lesen des Textes: Verfahren zur
ersten Orientierung nutzen und Vorwissen
aktivieren

Vermutungen einzelner Kinder zum Textinhalt vortragen und gemeinsam darüber
nachdenken; Begriffsklärung nutzen und
evtl. weitere Begriffe klären

▶ zu BB Bei uns und anderswo

① Was ist Panama? Kreuze an.

Panama ist ☐ eine Kiste. ☐ ein Obst. ☐ ein Land in Südamerika.

② Welcher Satz passt zu Abschnitt zwei?
Welcher Satz passt zu Abschnitt vier? Schreibe auf.

Der kleine Bär erzählte dem Tiger von Panama.

Beim Angeln fischte der kleine Bär eine Kiste aus dem Wasser.

Abschnitt 1 _____

_____

Abschnitt 2 _____

_____

Abschnitt 3 _____

_____

Abschnitt 4 _____

_____

③ Schreibe zu den zwei übrigen Abschnitten einen eigenen Satz auf.
Die blauen Wörter helfen dir.

④ Erzähle einem Partnerkind den Inhalt des Textes.
Benutze dazu die Sätze aus Aufgabe 2.

⑤ Wie sieht dein Traumland aus? Beschreibe es.

_____

_____

Gedichte haben *Strophen*.

Eine Strophe ist ein Abschnitt in einem Gedicht.

Eine Strophe hat mehrere Zeilen.

Manche Gedichte reimen sich.

Untersuche die Form eines Gedichts:

1. Wie ist das Gedicht aufgebaut?

2. Reimt sich das Gedicht?

> Zähle die Strophen im Gedicht.
> Zähle die Zeilen in jeder Strophe.

> Lies das letzte Wort in jeder Zeile.
> Unterstreiche die Wörter, die sich reimen.

Es war eine Mutter, die hatte vier Kinder

Es war eine Mutter,
die hatte vier Kinder,
den Frühling, den Sommer,
den Herbst und den Winter.

Der Frühling bringt Blumen,
der Sommer den Klee,
der Herbst, der bringt Trauben,
der Winter den Schnee.

Volkslied

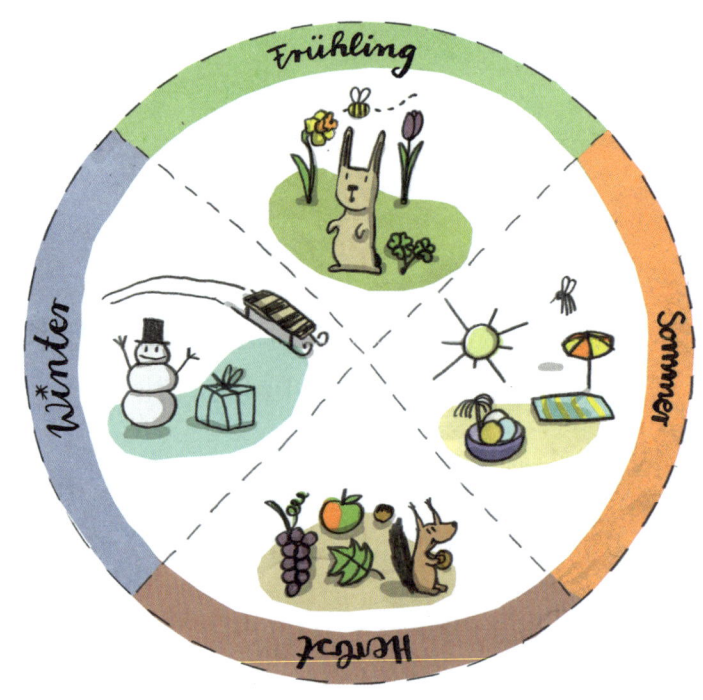

① Ergänze:

Das Gedicht hat _____ Strophen.

Jede Strophe hat _____ Zeilen.

Bildungsstandard:
literarische Texte kennen, verstehen,
unterscheiden

Schritte des Lesetrainings mit der gesamten Lerngruppe bzw. in kleineren Gruppen einführen; *Gedicht, Strophe, Zeile* und *Reim* als Fachbegriffe nutzen

▸ **zu** BB Durch das Jahr

Im Oktober

Der Ahorn hat ein Blatt verloren,
es flog von Weitem auf mich zu.
Ich fing's. Das goldrote, gezackte.
Und sagte zu ihm: Schön bist du!

Josef Guggenmos

Blätterfall, Blätterfall

Blätterfall, Blätterfall,
gelbe Blätter überall.
Raschel, raschel,
es wird kalt,
und der Schnee
bedeckt sie bald.
Blätterfall, Blätterfall,
gelbe Blätter überall.

(Unbekannt)

① Worum geht es in den zwei Gedichten? Kreuze an: Es geht um

☐ die Apfelernte. ☐ den Blätterfall. ☐ das Regenwetter.

② Welches Gedicht gefällt dir besser? Rahme es farbig ein.

③ Warum gefällt dir das Gedicht? Begründe.

④ Entscheide dich für ein Gedicht. Untersuche es. Ergänze die Sätze.

Das Gedicht heißt _____.

Das Gedicht hat eine Strophe. Die Strophe hat _____ Zeilen.

Im Gedicht reimen sich die Wörter _____

_____.

1. Lösungen mithilfe von Textstellen belegen: Zeilennummer angeben oder ankreuzen;
2. und 3. sich über unterschiedliche Vorlieben austauschen

literarische Texte kennen, verstehen und unterscheiden: Herbstgedichte lesen und Thema, Aufbau und Reimform untersuchen; Lieblingsgedicht begründet auswählen

Schnee

Es schneit ganz leise,
leise,
leis.

Nach und nach
wird alles weiß.

Bald gibt's keine
Wege mehr.
Die Landschaft, die bunt war,
wird weiß und wie leer.

Georg Bydlinski

Heute steh ich still am See

Heute steh ich still am See.
Ich warte auf den ersten Schnee.
Lass mich heut nicht stören,
will die leisen Flocken hören.

Heinz Janisch

① Welches Gedicht hat mehr Strophen? Kreuze an.

☐ Schnee   ☐ Heute steh ich still am See

② Welches Wintergedicht gefällt dir besser? Rahme es ein.

③ Warum gefällt dir das Gedicht? Begründe.

④ Wie möchtest du das Gedicht vorlesen? Kreuze an.

☐ laut   ☐ geheimnisvoll   ☐ leise   ☐ traurig

⑤ Male zu dem Schneegedicht ein Bild auf schwarzem Papier.

literarische Texte kennen, verstehen und unterscheiden: Wintergedichte lesen und Aufbau untersuchen, Lieblingsgedicht begründet auswählen, vorlesen und illustrieren

1. Lösungen mithilfe von Textstellen belegen; 2. und 3. sich über unterschiedliche Vorlieben austauschen; 4. Möglichkeiten des Vortrags ausprobieren; 5. Illustrationen präsentieren

► zu BB Durch das Jahr

Der Schneemann auf der Straße

Der Schneemann auf der Straße
trägt einen weißen Rock,
hat eine rote Nase
und einen dicken Stock.

Er rührt sich nicht vom Flecke,
auch wenn es stürmt und schneit.
Stumm steht er an der Ecke
zur kalten Winterszeit.

Doch tropft es von den Dächern
im ersten Sonnenschein,
da fängt er an zu laufen,
und niemand holt ihn ein.

Robert Reinick

① Was stimmt? Was stimmt nicht?
Kreuze an.

	stimmt	stimmt nicht
Das Gedicht hat vier Strophen.	☐	☐
Jede Strophe hat vier Zeilen.	☐	☐
Das Gedicht reimt sich.	☐	☐

② Male ein Bild zum Gedicht.

③ Suche dir ein Partnerkind.
Führt das Partnerlesen durch.

▸ zu BB Durch das Jahr

1. Lösungen mithilfe von Textstellen belegen;
2. Illustrationen präsentieren
3; zweifarbig gedruckten Text für das Partnerlesen nutzen

literarische Texte kennen, verstehen und unterscheiden: Wintergedicht lesen und Aufbau und Reimform untersuchen, illustrieren und vortragen

61

Frühling

In meinem Garten
ist über Nacht
der Frühling erwacht.

Man kann ihn schon sehen.
Schneeglöckchen stehen
in dichten Reih'n.

Sie wecken die Vögel, die Wälder,
die Büsche, die Wiesen und Felder,
die ganze Welt und dich und mich.

Hilga Leitner

Frühlingsanfang

Die gelbe Sonne küsste
den blauen Himmel im Traum.
Da ergrünten Gräser und Blumen
und Baum um Baum.

Wer hat das Gelb und Blau,
das Grüne so schön gemacht?
Der Frühling träumte die Farben,
mischte sie über Nacht.

Alfons Schweiggert

① Wie gefallen dir die Frühlingsgedichte?

Male die Blumen aus: geht so   gut   toll

② Welche Wörter in den Gedichten gefallen dir?

Schreibe sie auf den Frühlingsstreifen.

literarische Texte kennen, verstehen und
unterscheiden: Frühlingsgedichte lesen
und sprachliche Besonderheiten untersuchen und präsentieren

1. Texte bewerten;
2. Anregung ggf. für Textausstellungen
mit Wörtern oder Gedichten auf Frühlingsstreifen im Klassenraum nutzen

► zu BB Durch das Jahr

Ameisen

krabbeln auf

T I S C H   Ä N K E N   S   R Ä N
E   B   N   T   H   K
N   Ü L E   C   E
                                  H   N   S   N

A
mmm
mmmmmmm
mmmmmmmmmm
mmmmmmmmmmmmm
mmmmmmmmmmmmmeisenbau.

finden ein paar Körner
von meinem Kakao
und tragen sie zum

Gerald Jatzek

① Lies das Gedicht. Überlege mit einem Partnerkind:
Was ist das Besondere an diesem Gedicht?

② Wo krabbeln Ameisen auch noch?
Ergänze das Gedicht.

Ameisen

Ameisen krabbeln auf

_____

_____

_____

_____

finden ein paar Körner

von meinem Kakao

und tragen sie zum Ameisenbau.

> Wo können
> Ameisen krabbeln?
>
> auf Blumen
> auf Autos
> auf Häusern
> auf Türmen
> auf Wegen
> auf Spielplätzen
> auf Feldern
> auf Bäumen
> auf Dächern
> auf Fahrrädern
> auf Brücken

1. einzelne Ergebnisse der Partnerarbeit
vortragen, sich darüber austauschen;
2. Wortsammlung zum generativen Schreiben nutzen bzw. weiter ergänzen

literarische Texte kennen, verstehen und
unterscheiden: Gedicht (konkrete Poesie)
lesen, die Besonderheit der Textform erfassen, einen Paralleltext schreiben

Textquellen

S. 5   **Mai, Manfred**: Umweg. Aus: Mein Geschichtenbuch aus dem 1. Schuljahr., Deutscher Taschenbuch Verlag, München 2004, © 2003 beim Autor, S. 9

S. 8   **Bonzos erster Schultag**: Nach: www.kindernetz.de/tigerentenclub/club/reportagen/tiere/hundeschule.php, (gekürzt). Zugriff April 2006

S. 10   **Nöstlinger, Christine**: Eine Freundin und ein Freund (Auszug). Aus: Franz auf Klassenfahrt, Friedrich Oetinger Verlag, Hamburg 2007, S. 5

S. 11/12   **Celik, Aygen-Sibel**: Sinan und Felix (Auszug, gekürzt). Annette Betz Verlag im Verlag Carl Ueberreuter, Wien-München 2007, S. 1-3

S. 13   **Bydlinski, Georg**: Gestern haben wir gestritten (gekürzt). Aus: Wasserhahn und Wasserhenne, Dachs Verlag, Wien 2002

S. 14   **Maar, Paul**: Wer ist der Größte? (Auszug, gekürzt). Aus: Philip Waechter: Die schönsten Geschichten. Beltz & Gelberg, Weinheim 2011, S. 168 ff.)

S. 20   **Mac Donald, Alan**: Appetit auf Schulessen (Auszug, gekürzt). Aus: Rocco Randale: Hungerstreik mit Gummibärchen. Aus dem Englischen von Monika Osberghaus, Klett Kinderbuch, Leipzig, 2010

S. 22   **Haikal, Mustafa**: Großvater (gekürzt). Aus: Hans-Joachim Gelberg: Eines Tages. Geschichten von überallher, Beltz & Gelberg, Weinheim und Basel 2002

S. 23   **Nahrgang, Frauke**: Anne. Aus: ABC Reise 1998, Volk und Wissen/Kamp Schulbuchverlag 2000

S. 26   **Forslind, Ann**: Große Schwester, kleiner Bruder (Auszug, gekürzt). Aus: Kleine große Schwester. Friedrich Oetinger Verlag, Hamburg 1997

S. 28/29   **Die drei Wünsche**. Nach einem Märchen von Johann Peter Hebel: In: Schatzkästlein des rheinischen Hausfreundes. Tübingen 1811

S. 31   **Maar, Paul**: Rätsel. Aus: Dann wird es wohl das Nashorn sein. Beltz Verlag, Weinheim-Basel 1997, Programm Beltz und Gelberg

S. 32   **Grimm, Jakob und Wilhelm**: Der süße Brei. Aus: Kinder- und Hausmärchen gesammelt durch die Brüder Grimm. insel taschenbuch 829, Insel Verlag, Frankfurt am Main 1974

S. 34   **Maar, Anne**: Fußball und Zitroneneis (Auszug, gekürzt). Tulipan Verlag, Berlin 2011, S. 1-9

S. 36   **Jandl, Ernst**: Die Zeit vergeht. Aus: Sprechblasen. In: Reclams Lexikon der deutschsprachigen Autoren. Von Volker Meid. 2., aktual. und erw. Aufl. Stuttgart: Reclam, 2006. (UB 17664.) – © 2001, 2006 Philipp Reclam jun. GmbH & Co., Stuttgart.

S. 38   **Hula, Saskia**: Selma ist ein Teufelsbraten (Auszug, gekürzt). Aus: Selma steht Kopf. Patmos Verlag, Sauerländer, Düsseldorf 2009

S. 40   **Frick-Gerke, Christine**: Bücher kann man lesen. Aus: Hans-Joachim Gelberg: Die Erde ist mein Haus. 8. Jahrbuch der Kinderliteratur, Beltz Verlag, Weinheim und Basel 1988, Programm Beltz und Gelberg

S. 41   **Hula, Saskia**: Muffel kann fast alles (Auszug, gekürzt). Aus: Der Lesemuffel. Patmos Verlag, Sauerländer, Düsseldorf 2007

S. 44   **Lindgren, Astrid**: Wunderschöne Buchgeschenke (Auszug, gekürzt). Aus: Die Kinder aus Bullerbü. Verlag Friedrich Oetinger, Hamburg 1988

S. 46   **Guggenmos, Josef**: Der Regenbogen. Aus: Groß ist die Welt. Die schönsten Gedichte. Beltz Verlag, Weinheim und Basel 2006, Programm Beltz und Gelberg

S. 56   **Janosch**: Oh wie schön ist Panama (Auszug, gekürzt). Beltz Verlag, Weinheim und Basel 1978, Programm Beltz und Gelberg

S. 59   **Guggenmos, Josef**: Im Oktober (Titel hinzugefügt). Aus: Groß ist die Welt. Die schönsten Gedichte. Beltz Verlag, Weinheim und Basel 2006, Programm Beltz und Gelberg

S. 60   **Bydlinski, Georg**: Schnee. Aus: Wasserhahn und Wasserhenne. DACHS-VERLAG, Wien 2002

S. 60   **Janisch, Heinz**: Heute steh ich still am See. Aus: Heute will ich langsam sein. Jungbrunnenverlag Wien 2005

S. 61   **Robert Reinick**: Der Schneemann auf der Straße. Aus: Robert Reinick. Aus: Reime Gedichte Geschichten für den Kindergarten. Volk und Wissen Verlag, Berlin 1974

S. 62   **Leitner, Hilga**: Frühling. Aus: Zeitschrift Teddy 3. Verlag J. F. Schreiber, Esslingen

S. 62   **Schweiggert, Alfons**: Frühlingsanfang. Aus: Kindergedichte rund ums Jahr. Falken Verlag, Niederhausen/Taunus 1989

S. 63   **Jatzek, Gerald**: Ameisen. Aus: Gerald Jatzek: RABAUKEN-REIME, Residenz Verlag St. Pöhlen - Salzburg 2011, S. 20

Bildquellen

S. 10   Illustration von **Erhard Dietl**. Aus: Nöstlinger, Christine: Franz auf Klassenfahrt. Friedrich Oetinger Verlag, Hamburg 2007

S. 11/12   Illustrationen von **Barbara Korthues**. Aus: Çelik, Aygen-Sibel: Sinan und Felix. Annette Betz Verlag im Verlag Carl Ueberreuter, Wien-München 2007

S. 20   Illustration von **David Roberts**. Aus: Mac Donald, Alan: Rocco Randale: Hungerstreik mit Gummibärchen. Aus dem Englischen von Monika Osberghaus, Klett Kinderbuch, Leipzig, 2010

S. 38   Illustrationen **Ute Krause**. Aus: Hula, Saskia: Selma steht Kopf. Patmos Verlag, Sauerländer, Düsseldorf 2009

S. 34   Illustrationen von **Sabine Büchner**. Aus: Maar, Anne: Fußball und Zitroneneis. Tulipan Verlag, Berlin 2011

S. 41   Illustration von **Ute Krause**. Aus: Hula, Saskia: Der Lesemuffel. Patmos Verlag, Sauerländer, Düsseldorf 2007

S. 42   Mowgli und Balu, Mickey Mouse, Donald Duck © Disney

S. 42   Illustration Pippi Langstrumpf von **Katrin Engelking**: Aus: Lindgren, Astrid: Pippi Langstrumpf. Verlag Friedrich Oetinger, Hamburg 2009

S. 52/1   © Jose Manuel Gelpi/Fotolia.com

S. 52/2   © deva/Fotolia.com

S. 52/3   © Tom Wang/Fotolia.com

S. 52/4   © Paha_L/Cllipdealer.com

S. 52/5   © Marcelo Santos/gettyimages

S. 52/6   © Karl Johaentges/LOOK-foto, München

S. 53/1   ©Anthony John Coletti/gettyimages

S. 53/2   © picture alliance/Lonely Planet Images/Richard I''Anson

S. 56   Illustrationen von **Janosch**: Aus: Oh wie schön ist Panama. Beltz Verlag, Weinheim und Basel 1978, Programm Beltz und Gelberg